JIANZHU HANGYE
KEJI CHUANGXIN RENZHI YU GUANJIAN DUICE
—— YI TOUBU QIYE DE SHIJIAO

建筑行业
科技创新认知与关键对策
——以头部企业的视角

伍 军 高红兵◎著

中国建筑工业出版社

图书在版编目（CIP）数据

建筑行业科技创新认知与关键对策：以头部企业的
视角 / 伍军，高红兵著 . -- 北京：中国建筑工业出版
社，2024.8. -- ISBN 978-7-112-30429-5

Ⅰ . F426.9

中国国家版本馆 CIP 数据核字第 20241GK381 号

责任编辑：宋　凯　朱晓瑜
责任校对：赵　力

建筑行业科技创新认知与关键对策
——以头部企业的视角
伍　军　高红兵◎著

*

中国建筑工业出版社出版、发行（北京海淀三里河路 9 号）
各地新华书店、建筑书店经销
北京雅盈中佳图文设计公司制版
北京富诚彩色印刷有限公司印刷

*

开本：787 毫米 × 1092 毫米　1/16　印张：$11\frac{1}{4}$　字数：156 千字
2024 年 11 月第一版　2024 年 11 月第一次印刷
定价：**128.00** 元
ISBN 978-7-112-30429-5
　　（43780）

前言

作为国民经济的支柱产业之一，我国建筑业近年来取得系列伟大的成就，建成了一批举世瞩目的超级工程，培育了一批领先世界的核心技术，打造了一批品牌卓著的超级产业集团。但当前建筑业仍依靠投入促发展，整个产业的科技含量及对科技进步的贡献率不足，科技创新能力薄弱，导致我国建筑业由粗放型向集约型、由劳动密集型向技术密集型转变速度放缓，未能摆脱"高投入、高消耗、低效益"困境，科技创新引领行业转型发展已成头部建筑企业的必然选择。

习近平总书记在党的二十大报告中指出，加强企业主导的产学研深度融合，强化目标导向，提高科技成果转化和产业化水平。强化企业科技创新主体地位，发挥科技型骨干企业引领支撑作用，营造有利于科技型中小微企业成长的良好环境，推动创新链产业链资金链人才链深度融合。"主导"作用和"主体"地位的提出，对企业在产学研融合中所应发挥的作用提出新的要求。"企业作为创新主体"的说法由来已久，党的二十大报告增加前缀"科技"，意味着科技企业在国家创新体系中的地位、角色、使命任务均将发生很大变化。

从国际格局和大国竞争来看。当今世界正经历百年未有之大变局，全球政治、经济格局加速重构与演变。在工业 4.0 发展阶段，各国对科技创新的重视程度愈发显著，科技研发投入日益攀升，由科技创新所带来的竞争愈发成为国家谋求内生动力及竞争优势的关键。同时伴随逆全球化思潮抬头，世界主要国家经济增长动能不足，全球步入"存量博弈"时期，大国竞争更为激烈，而我国尚面临关键核心技术遭受封锁和"卡脖子"的重大挑战。在科技创新的关键环节、关键领域、关键产品上，待集中攻关的重大项目仍有很多。对此，党中央提出健全关键核心技术攻关新型举国体制，强化国家战略科技力量。

从中国自身发展阶段来看。此前借助我国庞大的人口红利和发达国家前三次科技革命技术扩散的红利，我们用40多年时间将中低端制造业转移至国内，完成了一次产业革命的起飞和积累。但经过几十年的快速增长和发展，技术扩散的红利已逐渐触及天花板。现阶段，中国经济正从要素驱动的高速增长向创新驱动的高质量增长转型，推动投资内生增长和国内需求扩大成为中国经济增长的引擎，即：我国高水平社会主义市场经济的实现，亟须通过科技创新挖掘经济高质量发展新动能。

从行业转型升级来看。为应对行业发展模式粗放、能耗高、环境污染严重、工业化智能化水平不高、人口老龄化、利润持续下滑、安全质量问题突出等诸多挑战，建筑行业向工业化、智能化、绿色化发展已是大势所趋。行业亟须通过科技创新驱动产业转型升级，突破关键核心技术的封锁线，打通产业链和供应链的阻塞点和风险点，不断提升建造质量、降低成本、提高效率、增强可持续性。

从企业高质量发展和市场竞争来看。技术是企业竞争优势的重要来源，是科技创新的核心所在，也是企业可持续发展的重要保障。未来的竞争不是模式竞争，而是技术创新的竞争。"人无我有、人有我优"的技术将是企业的核心竞争力和赖以生存的生命线。在一个开放竞争的环境里，技术是企业的"护城河"，技术的更新迭代是最终实现市场开拓的利器。从诸多企业兴衰成败的经验来看，技术创新是关键因素。越来越多的企业已经意识到，要打造成技术驱动型企业，必须在变局中掌握技术先机。

展望未来，基础设施建设将努力实现"高安全性能、高使用性能、高经济性能、高施工性能、高环保性能、高耐久性能、高抗灾性能、高维护性能"等系列目标，科技创新活动在建筑企业生产经营活动中的比重将直线上升，科技创新投入也必将随之跨越式增长。大型建筑企业必须适应从"模仿者""追赶者"向"并跑者""领跑者"转变，也即从"模仿创新"向"原始创新"和"颠覆式创新"转变。具体而言，通过高强度的研发支出、更长时间耐心的科技资本投资、企业创新采购等科技创新措施形成的创新网络，在解决行业关键核心技术问题和构建新型举国体制中发挥不可替代的重要作用。

诚然，自改革开放以来我国建筑业取得了伟大的成就，但本书坚持问题导向，以发现问题、分析问题、解决问题为主线，该导向并非对现有成绩的否定。企业是经济动物，追求效益是其天然属性，科技创新需从服务企业这一本质功能出发，发挥"治通病、控成本、增效益、拓市场、创信誉、领潮流"作用。本书将主要从科技创新能否发挥这一作用、关键因素是什么、应该采取什么样的对策三方面着手，重点分析头部建筑企业科技创新组织以及科技创新投入机制，以期抛砖引玉，进而为企业领导、科技管理者、研发人员等提供决策和行动参考，为促进头部建筑企业高质量发展贡献绵薄之力。

本书由中国中铁股份有限公司科技创新与数字化部部长伍军，中铁科学研究院总经理、党委副书记高红兵撰写，在编写过程中得到了卢春房院士、中国国家铁路集团有限公司赵国堂副总工、中国铁道科学研究院史天运部长以及马成贤、蔡超勋等专家的指导，借鉴了丁烈云院士团队《中国建造高质量发展科技支撑》研究课题的部分研究成果。在本书成稿过程中，获得了中国中铁股份有限公司各领域专家的热情支持，其中有李建斌、郑机、严金秀、朱颖、王引生、王杜鹃、黄新、梁超、陈钧、刘建廷、黄佳强、杜俊等，中国中铁股份有限公司科技创新与数字化部李永全、罗静峰、梁崇双等也对书稿提出了宝贵的修改意见。本书是中国中铁重大课题"中国中铁未来产业实施方案深化研究"的重要成果，中铁科学研究院熊治文、尹静、王潘、曾铁森、郭珊、王蕾、江亚男、朱小溪、杜有德、张辰宇、王伟等为相关成果主要参研人员。在此一并表示衷心感谢。

目录

第2章 科技创新价值认知

第3章 建筑业科技创新形势分析与未来展望

第5章　头部建筑企业科技创新投入机制分析

| 第 1 章 |

科技创新宏观环境

　　以往的经验对于未来具有重要意义，忽视历史、不反思历史，就容易犯片面、孤立看问题等错误。但要注意，过去的经验不一定适用于未来，如果处理不好，甚至会成为未来发展的阻力。因此，在分析头部建筑企业科技创新前，我们需要先梳理国家科技发展战略和政策演进，明晰当前科技创新形势，总结新时代国家科技创新政策导向，分析行业科技创新环境。

1.1 国家科技发展战略与政策演进

中国古代重视"格物致知",主张通过科技推进经济社会进步,推广应用科技成果提高生产水平,运用技术方法和标准发展生产、规范行为,科学技术的研究也一直处于比较宽松的环境中。较之于西方,中国也没有像西方教会统治时期那样对科学进行压制和迫害,即使秦始皇焚书坑儒,也不曾焚烧农书和医学等有关自然科学书籍,亦不杀害自然科学家。然而,由于不重视科技、没有制定政策促进科技发展,重本抑末、重道轻艺,重政务、轻自然、斥技艺,认为无论科学技术多么高明也只不过属于"艺"和"器"等的历史传统,造成了封建社会最终异常落后的局面[1]。

1840 年第一次鸦片战争,大英帝国用军舰大炮轰开了清王朝的国门;20 年后英法联军攻入北京,火烧圆明园,史称第二次鸦片战争;最令人痛心疾首的是 1894 年中日甲午战争,日本这么小的一个岛国打败了庞大的"中央帝国";又过 6 年八国联军再次攻入北京,最终赔款白银 4.5 亿两。19 世纪这 4 次大失败引发的一系列赔款和丧权辱国的条约唤醒了全国上下:中国之失败在于没有现代科学技术。

清朝末年制定的"师夷长技以制夷""中学为本,西学为用"等科技政策还未来得及完全实施,孙中山领导的辛亥革命就推翻了清王朝。中华民国时期制定了"请科学和民主两位先生来救中国"的科技政策,然而后续军阀混战、内战、抗日战争等频发,直到新中国成立,"民主"和"科学"两位救星一个也没来得及出现。

1949 年中华人民共和国成立,开启了中国历史的新篇章。回顾新中国成立 70 余年来为建设社会主义现代化、实现中华民族伟大复兴而艰辛探索的历程,可以发现,从新中国成立伊始,党和政府就非常重视科学技术在社会主义现代化中的作用[2]。

总体上看,中国科技发展战略和科技政策的演进是中国科技事业发展、中国社会主义现代化建设历程中的一个重要组成部分。从这个演进的发展走向看，可以说是努力探索符合科技发展规律、体现社会主义制度优势、适应市场经济体制要求的科技政策体系，据此划分为以下 5 个阶段 [2]。

1.1.1　艰难曲折前行（1949—1978年）

新中国成立之初，进入社会主义革命和建设时期，为实现从新民主主义向社会主义的过渡转变，确立社会主义制度，党中央着手恢复国民经济、进行各项社会改革，在继承马克思主义生产力理论的基础上，发展形成科学技术现代化的思想，提出"科技立国"的战略赶超构想，执行"重点发展，迎头赶上"的方针 [3]。1956 年 1 月，毛泽东同志发出"向科学进军"的号召，呼吁全党和全社会的知识分子努力学习先进知识，为中国迅速赶上世界先进科技水平做贡献，当年我国制定实施了《1956—1967 年科学技术发展远景规划》（以下简称《十二年科学规划》），这是新中国第一个科技规划，标志着新中国向科技强国建设正式进军。20 世纪 50 年代末 60 年代初，新中国经历"大跃进"的挫折和苏联政府撕毁合同、撤离科技专家等内忧外患。在 1962 年底，中共中央批准制定《1963—1972 年科学技术发展规划纲要》（以下简称《十年科学规划》），对《十二年科学规划》进行调整。《十年科学规划》中确定了"自力更生、迎头赶上"的科学技术发展方针，强调科学技术为社会主义建设服务，应特别重视国家经济建设、国防建设迫切需要解决的科学技术问题 [3]。

这一时期科技政策立足于社会主义计划经济体制。由于以计划体制为基本制度安排，相应的组织结构按照功能和行政隶属关系严格分工，政府是科技资源的投入主体，这一时期科技政策的基本特点表现为：运用行政的力量来推进科学技术体系的建立，推动科学技术事业的发展；运用计划的方式来部署科技活动，配置科技资源 [4]。一方面体现了当时对社会主义本质特征是计划经济的认识，另一方面也与中华人民共和国成立初期科技人才匮乏、科研设备奇缺、情报资料残缺、文化教育落后

的状况相关 [2, 4]。中华人民共和国成立之初，全国仅有 30 多个科研机构，科研人员不足 5 万人，其中从事自然科学研究的人更少，科研现状无法满足社会建设的需要。在这种条件下，集中科技资源解决关键问题，并由政府全面规划科技活动的思想更容易在最高决策层中形成共识，得到大多数科学技术专家的拥护，最终该政策在实践中证实了其可行性 [2]。

在该政策引领下，不仅迅速建立了相对完备的科学技术体系，而且在特定的科技领域取得了重大突破，中国在较短的时间内大大地强化了维护国家安全和促进经济发展所需要的科技实力。比如，在经济和科技力量都比较薄弱的情况下，用较少的钱，以比资本主义国家更快的速度研制成功的"两弹一星" [2]。在半导体、计算机、空间科学、分子生物学等尖端领域也取得了重大进展。其中，结晶牛胰岛素人工合成的成功是诸多科研机构的科技人员集体协作的典型案例。这些成果充分体现了社会主义集中力量办大事的制度优势和政策导向，反映了发展中国家必须通过国家意志实现集约型规模效益才能更好地发展科学的现实需要。同时，也使"科技规划"成为这一时期集中响应国家科技政策的重要方式，为以后政府管理科技事业提供了范例。

这种政策模式也包含着内在缺陷。主要表现是：高度计划和集中导致体系结构上的刚性，难以适应科技活动内在的不确定性，也在一定程度上割裂了科学与技术、经济、社会之间应有的相互依存、相互促进的关系，这不但突出地反映在科技与经济的脱节上，而且反映在科学与技术、科技与教育的脱节上；由于刚性的计划体系缺乏对于迅速变化的外部环境的适应能力和自我更新能力，政府各部门不得不自己建立研究机构，从而造成高度集中与力量重复、分散，缺乏协调并存；由于无法保证科学共同体的自主性，政府的无限权力易于演变为违背科技发展规律的行政命令和权力意志，特别是在政治领域出现偏差的情况下，科学技术事业易于受到干扰甚至破坏 [2]。此外，这种政策模式也抑制了科技人员的积极性和创造性 [2]。

1.1.2　解放思想与科技体制根本性变革（1978—1992年）

党的十一届三中全会以后，随着国家工作重心转向经济建设，1978年全国科学大会召开，动员全党全国重视科学技术，加速科学技术的发展，再次明确了科学技术是生产力，四个现代化关键是科学技术现代化的思想。此后，改革开放成为这一时期突出的时代主题，科技政策也随着体制改革和转型不断变化。一方面重新确立了科学技术的作用和科技工作者的地位，另一方面通过体制改革调动科技工作者的积极性和创造性，重点解决科学技术与经济脱节的问题，明确提出了"经济建设必须依靠科学技术，科技工作必须面向经济建设"的科技工作方针 [2、4]。

（1）解放思想

1978年的全国科学大会提出"科学技术是生产力"之后，科学技术的作用逐渐被人们认识。为了进一步推进这一思想，1988年9月，邓小平对这一问题进行了两次重要论述："马克思说过，科学技术是生产力，事实证明这话讲得很对。依我看，科学技术是第一生产力。""马克思讲过科学技术是生产力，这是非常正确的，现在看来这样说可能不够，恐怕是第一生产力。""第一"两个字，意味着邓小平把科学技术提高到影响生产力发展诸因素中的首位来对待，意义非同寻常。1992年，邓小平在南方谈话中再次强调"科学技术是第一生产力"。至此，"科学技术是第一生产力"被认定为我国科技政策的指导思想。

这一论断是从当代科学技术急速进步及科学技术在经济社会发展中显示出巨大作用的历史背景中概括出来的，是对马克思主义科学技术学说的继承和重大发展。在这之前，虽然也强调过科学技术的重要意义，但并没有将其视为影响生产力水平的决定性因素。邓小平的这一理论突破，成为新时期我国科技政策转型的"元起点"。

提出"尊重知识，尊重人才"政策。1978年，全国科学大会在北京召开，邓小平在工作报告中旗帜鲜明地提出，知识分子是工人阶级的一部分，要尊重知识、尊重人才。"知识分子是工人阶级的一部分"，为广大知识分子彻底脱了资产阶级的"帽"，加了工人阶级的"冕"，使他们从政治上得以解放。在讲"科学技术是第一生产力"时，邓小平又进一步提出"要把'文化大革命'时的'老九'提到第一"，这就把知识分子在劳动者中的地位更加凸显了出来[1、5]。

（2）科技体制的根本性变革

1981年4月16日，在转发国家科委《关于我国科学技术发展方针的汇报提纲》的通知中，中共中央、国务院表达了这样的意见："为使科学技术在国民经济中真正发挥作用，现行体制需要逐步加以改革。当前应先在实际工作中，在基层单位之间，加强协作，密切联系，逐步打破地区和部门的界限。科研单位应向生产单位提供成果，开展咨询服务，接受委托任务。科研单位同生产单位之间，可以采用合同制，有的还可以组成科研生产联合体。"1981年5月15日，在第四次学部委员大会89位科学家的联名提议下，中国科学院1982年开始设立面向全国招标的自然科学基金，并于1986年成立国家自然科学基金委员会[1、2]。

1985年3月13日，中共中央发布《关于科学技术体制改革的决定》（下称《决定》）正式发布，明确提出了"经济建设必须依靠科学技术，科技工作必须面向经济建设"的科技工作方针，对科技体制改革的主要内容作出了如下规定："在运行机制方面，要改革拨款制度，开拓技术市场，克服单纯依靠行政手段管理科学技术工作，国家包得过多，统得过死的弊病；在对国家重点项目实行计划管理的同时，运用经济杠杆和市场调节，使科学技术机构具有自我发展的能力和自动为经济建设服务的活力。在组织结构方面，要改变过多的研究机构与企业相分离，研究、设计、教育、生产脱节，军民分割、部门分割、地区分割的状况；大力加强企业的技术吸收与开发能力和技术成果转化为生产能力的中间环节，促进研究机构、设计机构、高等学校、企业之间的协作和联合，并使各方面的科学技术力量形成合理的纵深配置。在人事制度方面，要克服'左'的影响，扭转对科学技术人员限制过多，人才不能合理流动，智力劳动得不到应有尊重的局面，营造人才辈出、人尽其才的良好环境。"1985 年，《决定》确立了中国科技政策的新范式，即"面向依靠"范式，从国防导向的科技政策转向经济导向的科技政策和经济体制的范式；从计划经济体制的范式转向市场经济体制的范式。在这个范式下，我国科技体制从高度计划性向引入更多的市场机制的方向转型[1、4-6]。

从这一时期的科技体制改革与科技政策看，有一些显著的特点。第一，把促进科技与经济的结合作为科技工作和科技政策的重点；第二，开始更多地关注如何适应科技活动自身特点和规律的问题，如通过建立国家自然科学基金来促进基础研究中的自由探索；第三，探索利用非行政的手段来管理科学技术工作，如通过引入竞争机制和扩大市场调节来替代单纯依靠行政手段的运行机制，拨款制度的改革就是一个重要的方面；第四，逐步扩大科研机构和科研人员的自主权，试图建立更加灵活的资源分配机制，以更好地适应外界环境的变化；第五，通过制定科技奖励条例和专利法等，激发广大科技人员的积极性和创造性。

值得注意的是，这一时期的体制改革仍然是在以计划经济体制为主的框架下展开的。尽管科技体制的改革在多层次展开，科技政策也随之进行了多方面调整，但科技与经济脱节的现象仍然未解决，旧体制下形成的科技系统结构不合理、机构重复设置、力量分散的状况依然存在。科技体制和科技政策中仍然存在着许多与科技发展规律不相符合，与社会对科技的需求不相适应的方面[2、4]。

1.1.3　科教兴国（1992—2002年）

1992 年确立了建设社会主义市场经济体制的目标和任务，但不论在观念和认识上，还是在制度与政策上，从计划经济向市场经济转变都是一个长期且艰巨的任务。因此，一方面要注意到建设社会主义市场经济本身为这一时期科技政策的调整和变革提供了新的空间，另一方面也要充分注意到这一时期与第二阶段之间仍然具有较强的历史连续性。比如，在这一时期的科技政策仍然要着力解决"科学技术是第一生产力的思想尚未得到全面落实的问题；在体制、机制以及思想观念等方面还存在许多阻碍科技与经济结合的不利因素"等问题[2、4]。

1995年，中共中央、国务院再一次对科技体制改革和科技政策进行了顶层设计，颁布了《中共中央 国务院关于加速科学技术进步的决定》，该文件在充分肯定"面向、依靠"科技方针以及过去10年科技体制改革实践的基础上，提出了科技工作"攀高峰"的基本方针，即"坚持科学技术是第一生产力的思想，经济建设必须依靠科学技术，科技工作必须面向经济建设，努力攀登科学技术新高峰"[1、2、4、6]。从这个意义上讲，这个决定是对"面向、依靠"政策范式的延续。此外，该文件的一个重要贡献是提出了"科教兴国"战略：把粗放式的经济增长转变为集约式的经济增长，走上依靠科学技术进步和劳动者素质提高而实现经济增长的轨道[1、6]。明确到2000年的目标是初步建立适应社会主义市场经济体制和科技自身发展规律的科技体制；到2010年要使基本建立的新型科技体制更加巩固和完善，实现科技与经济的有机结合。

这一时期科技政策的重心更加转向促进科技与经济、社会之间的相互联系和相互结合。这一方面体现在1992年之后制度变迁的内容开始较多地关注经济体制、政治体制、科技体制和教育体制的改革之间的协同和配套问题；另一方面反映在科技政策的出台机构上，国家体改委、财政部、国家经贸委、国家科委、国家教委、国家国有资产管理局等部门联合发布的科技政策明显增多[1、2]。

1.1.4　建设创新型国家（2002—2012年）

2006年，中共中央、国务院发布《国家中长期科学和技术发展规划纲要（2006—2020年）》（下称《纲要》），并做出了《中共中央 国务院关于实施科技规划纲要增强自主创新能力的决定》[1、2、6、7]。该《纲要》以增强自主创新能力为主线，以建设创新型国家为奋斗目标，明确了"自主创新、重点跨越、支撑发展、引领未来"的新时期科技发展的指导方针，并对我国未来15年科学和技术发展作出了全面规划与部署，是当前和未来10余年指导我国科学和技术发展的纲领性文件。自主创新，就是从增强国家创新能力出发，加强原始创新、集成创新和引进消化吸收再创新。重点跨越，就是坚持有所为、有所不为，选择具有一定基础和优势、关系国计民生和国家安全的关键领域，集中力量、重点突破，实现跨越式发展。支撑发展，就是从现实的紧迫需求出发，着力突破重大关键、共性技术，支撑经济社会的持续协调发展。引领未来，就是着眼长远，超前部署前沿技术和基础研究，创造新的市场需求，培育新兴产业，引领未来经济社会的发展[3、5]。

该《纲要》也指出了目前科技体制和科技政策中存在的问题。一是企业尚未真正成为技术创新的主体，自主创新能力不强。二是各方面科技力量自成体系、分散重复，整体运行效率不高，社会公益领域科技创新能力尤其薄弱。三是科技宏观管理各自为政，科技资源配置方式、评价制度等不能适应科技发展新形势和政府职能转变的要求。四是激励优秀人才、鼓励创新创业的机制还不完善[2]。

"建设创新型国家"是20世纪初中国共产党践行科技强国治国理念的重要内容，经过改革开放后的长足发展，中国虽已成为经济大国，但并非经济强国，而创新实力不强是限制中国各领域发展从"大"向"强"转变的根本原因，自主创新能力也成为中国提高国家核心竞争力的关键。中国要成为强国，必须先成为创新型国家。"建设创新型国家"思想揭示出，自主创新能力是提升综合国力的关键，中国要成为强国必须加快建设创新型国家，必须提升自主创新能力，走自主创新道路，发挥创新型科技人才对于创新事业的支撑作用，并着力培育创新型科技人才等。

1.1.5 创新驱动发展（2012年以来）

党的十八大以来，以习近平同志为核心的党中央观大势、谋全局、抓根本，作出"必须把创新作为引领发展的第一动力"的重大战略抉择，实施创新驱动发展战略，坚持创新在我国现代化建设全局中的核心地位，把科技自立自强作为国家发展的战略支撑，走出了一条从人才强、科技强，到产业强、经济强、国家强的发展道路[3]。

在 2016 年召开全国科技创新大会前，中共中央、国务院正式发布《国家创新驱动发展战略纲要》。习近平总书记向全体科技工作者正式发出"为建设世界科技强国而奋斗"的伟大号召，创造性地将建设创新型国家的近期目标与建设世界科技强国的远景目标结合起来，为建设世界科技强国设定了"三步走"的战略，并与现代化建设的"三步走"相呼应。"三步走"战略目标将科技创新与现代化建设的"两个一百年"奋斗目标紧密联系起来，强调建设科技强国是实现中国梦的路径。习近平总书记进一步提出，要按照"四个面向"战略方向部署科技创新的重大任务，即"面向世界科技前沿、面向经济主战场、面向国家重大需求、面向人民生命健康，加快各领域科技创新，掌握全球科技竞争先机"，部署科技重大专项。2020 年 9 月 11 日，习近平总书记在主持召开科学家座谈会时提出，我国科技事业发展要坚持"四个面向"——面向世界科技前沿、面向经济主战场、面向国家重大需求、面向人民生命健康，不断向科学技术广度和深度进军[3]。在国内外形势发生重大变化的新形势下，习近平总书记基于百年未有之大变局、中国发展的新阶段，使科技事业发展指导思想实现了从"三个面向"到"四个面向"的跨越，并在理论和实践上实现了新突破、新创造、新飞跃。相较于"三个面向"，"四个面向"体系更完整、支撑更强大、结构更科学、逻辑更严谨、内涵更深刻，进一步标定了推进科技事业发展的主攻方向——面向世界科技前沿，进一步明确了推进科技事业发展的基本原则——面向经济主战场，进一步聚焦了推进科技事业发展的关键重点——面向国家重大需求，进一步阐明了推进科技事业发展的根本价值——面向人民生命健康。毫无疑问，推进科技事业发展"四个面向"指导思想，既明确了主攻方向、确立了基本原则，又指明了关键重点、树立了价值导向，具有很强的系统性、逻辑性和科学性，必将引领科技发展取得更加全面、立体、辉煌的成就。

1.2　科技创新形势

1.2.1　国际科技创新形势

当前，国际地缘政治冲突加剧，民族利益优先、国家利益至上的情绪在全球蔓延，科技问题意识形态化的趋势明显增强，科技创新受政治裹挟的现象更加普遍，外部环境已明确告别和平、稳定、开放的状态，转而进入急剧变化、大国博弈、充满不确定性的新阶段。一方面，"科学无国界"被打破，制裁引起的科研封闭趋势持续酝酿和传播，未来科学研究受政治胁迫或成为一种新的世界现象；另一方面，"政治正确"更大范围波及科技发展，高科技企业、技术垄断型企业已成为战时国家军事力量的重要组成部分，并将发挥战略性作用，只要有需要，未来这些企业均可能成为国家战争的工具。

当前全球经济处于新工业革命主导的特定发展阶段，科技创新竞争愈发成为各国经济发展竞争谋求内生动力和产业国际竞争优势的关键条件。必须认清的基本事实是，西方发达国家在众多战略性新兴产业的基础创新、原始创新以及颠覆性技术创新领域，处于绝对的领先和前沿地位，而中国只是在某些战略性新兴产业的模仿创新、低成本化创新、商业模式创新方面以及部分关键核心技术创新领域，实现了一定程度的自主创新能力体系培育和提升。中国在建设世界科技强国之路上还面临诸多问题，如基础领域研究创新不足、关键核心技术受制于人、创新人才培养体系不完善等。新一轮的科技革命和产业变革正在重塑全球竞争的版图，谁能够占领科技制高点，谁就能够赢得下一步发展的主动权。

1.2.2　国内科技创新形势

在党的十九大上，习近平同志指出："中国特色社会主义进入新时代，我国社会主要矛盾已转化为人民日益增长的美好生活需要和不平衡不充分的发展之间的矛盾。"当前社会主要矛盾的变化正对我国经济社会发展产生影响，这预示着中国的经济发展模式需要从追求数量转变为追求质量，不仅要在供给端提升生产力发展水平，促进生产力发展朝着更加充分和平衡的方向实现高质量发展，还要在需求端进一步增加人民对教育、医疗、生活环境等需求的高质量供给，让人民日益增长的物质、精神、健康等美好生活需求得以有效满足。

要满足社会主要矛盾所提出的发展要求，还得依靠发展来解决。习近平同志指出发展是解决一切问题的基础和关键。如何发展？他强调必须依靠创新，因为创新是引领发展的第一动力，创新能支撑现代化经济体系建设。化解社会主要矛盾要依靠创新，尤其是要依靠科技创新来解决。社会主要矛盾转化要求必须深入贯彻新发展理念，着力依靠科技创新去促进产业转型升级，在保护生态环境的基础上，不断优化我国的产业结构，提高企业的创新效率，释放企业生产活力，促进区域平衡发展，最终为人民提供更高质量的教育、卫生条件和生态环境等生活需要，并在依靠科技创新、促进发展方式转变的过程中满足人民各方面的美好生活追求[8]。

1.2.3　新科技革命形势

当下，中国正经历百年未有之大变局，以新一代信息技术为代表的新技术正在催生新的技术革命，带动新的产业革命，促使全球科技竞争呈现白热化发展趋势。新的科技革命为新兴国家和发展中国家提供了新一轮的发展机遇，增添了新的发展动力。若把握住此轮发展机遇，这些国家将有机会摆脱对传统发展模式的依赖，从而实现跨越式发展；否则，这些国家与发达国家之间的贫富差距、产业发展水平差距将有可能进一步拉大。对于目前的中国来说，其自身科技实力还无法完全把握住新一轮科技革命所带来的发展机遇，在创新发展过程中仍然存在着许多不足，在原创性的科学研究领域与发达国家差距较大，且呈现出多个领域发展不均衡、成果转化难等问题。

在新科技革命即将改变世界发展格局的背景下，如何把握住由新一轮科技革命所带来的发展机遇，赢得未来的发展优势？在许多重要会议上，习近平总书记围绕如何把握新科技革命所带来的发展机遇发表重要论述，其核心思想皆是要发展新科技，用好新科技，让新科技成为经济增长新动力，将科技创新作为国家发展全局的核心。习近平总书记指出必须依靠创新推动发展转型，依靠科技创新推动新兴技术在社会的广泛应用，加快转变经济发展动能，积极投身于由先进技术引发的创新浪潮。要把握住新科技革命所带来的发展机遇，必须依靠科技创新进一步补齐国内科学研究的短板领域，让科技创新为产业赋能，让高新科技成为中国经济建设的新动力，坚持将科技创新摆在国家发展全局的核心位置[8]。

1.3　新时代国家科技创新政策导向

党的十八大以来，习近平总书记牢牢把握新一轮科技革命和产业变革大势，准确研判我国经济发展的阶段性特征，提出"创新是引领发展的第一动力"的重大论断，强调要牢固树立创新发展理念、坚持创新在我国现代化建设全局中的核心地位，为全面建成社会主义现代化强国、实现第二个百年奋斗目标指明了前进方向，提供了根本遵循[8-10]。《中华人民共和国国民经济和社会发展第十四个五年规划和 2035 年远景目标纲要》中首次将"创新"提到"核心"位置，根本原因在于国内外形势发生深刻复杂变化，中国必须加快实现科技自立自强，以应对外部压力和挑战。党的二十大报告指出，必须坚持科技是第一生产力、人才是第一资源、创新是第一动力，深入实施科教兴国战略、人才强国战略、创新驱动发展战略，开辟发展新领域新赛道，不断塑造发展新动能新优势，到 2035 年，实现高水平科技自立自强，进入创新型国家前列[9]。

1.3.1 突出党对科技创新的全面领导

党的十八大以来，以习近平同志为核心的党中央在继承前人思想的基础上，进一步深化了党对领导科技事业的认识，创造性地提出坚持党对科技事业的全面领导。党的领导不仅是中国特色社会主义最本质的特征，还是中国特色社会主义制度的最大优势，也是中国科技事业不断取得伟大成就的根本政治保障。习近平总书记指出，我国科技事业发展离不开中国共产党的领导，我国要激发全社会的力量去建成世界科技强国，要在党对科技事业的领导下以正确的政治方向为科学指导。他还强调坚持党对科技事业的全面领导，必须形成高效的组织动员体系和协调的科技资源配置模式。对于如何坚持党对科技事业的全面领导，中华人民共和国科学技术部党组书记、部长王志刚指出，要将党对科技事业的全面领导作为科技工作的重要内容，将其贯穿于科技改革发展的过程中，在实施科技发展战略、布局科技发展事业等方面不断强化党的领导[8]。

1.3.2 实现高水平的自立自强

高速行驶几十年，中国号巨轮来到历史关口——经济总量跃居世界第二，但创新能力不强，已成为这个经济大块头的"阿喀琉斯之踵"。通过创新引领和驱动发展已经成为我国经济发展的迫切要求，抓住了创新，就抓住了牵动经济社会发展全局的"牛鼻子"[9、10]。看全球，国际金融危机阴霾未散，经济全球化遭遇逆流，世界处于大发展大变革大调整之中。观国内，我国发展进入战略机遇和风险挑战并存、不确定难预料因素增多的时期。察趋势，新一轮科技革命和产业变革方兴未艾，全球创新版图、全球经济结构加快重构。如果不识变、不应变、不求变，就可能陷入战略被动，错失发展机遇，甚至错过整整一个时代。

站在新的历史关口，正如习近平总书记指出的："构建新发展格局最本质的特征是实现高水平的自立自强。"加快构建新发展格局，迫切需要以科技自立自强推动国内大循环、畅通国内国际双循环，通过科技创新、制度创新，突破供给约束堵点、卡点、脆弱点，提高供给质量和水平，以新供给创造新需求，保障产业链供应链安全稳定。科技自立自强是全面建成社会主义现代化强国的必然要求。从识变、应变看求变，坚持发挥好创新引领发展的第一动力作用，开启新征程，重新出发。

党的十九届五中全会指出，要坚持将创新放在我国现代化建设全局的核心位置，把科技自立自强作为国家发展的战略支撑。习近平总书记强调创新发展主要解决发展动力问题。创新是国家发展全局的核心，而要充分发挥创新第一驱动力的作用，必须加快突破作为国之重器的关键核心技术。依靠购买是不现实的，要想取得关键核心技术的突破，唯有推进高水平科技自立自强的实现，不遗余力地推动基础研究纵深发展。

以习近平同志为核心的党中央关于科技自立自强的论述体现了中国共产党对自主创新的最新认识。从论述中可以发现科技自立自强其实是更高水平的自主创新。自主创新对于提升国家竞争力或者国家发展的地位而言不再只是处于突出位置，也不只存在于科技领域。科技自立自强相较于传统的自主创新而言具有更深邃的内涵，以产业发展领域为例，科技自立强调的是自主、可控与安全，其内涵可引申为打造完全自主、可控、安全的产业链，确保我国的产业发展不被人"卡脖子"，而科技自强则强调高质量，这意味着我国的产业发展将不再追求规模扩张、以量取胜的发展模式，而是追求质量与效率并存的内涵式发展模式[8-10]。

1.3.3　掌握发展的主动权

历史告诉我们一个真理：一个国家是否强大不能单就经济总量大小而定，一个民族是否强盛也不能单凭人口规模、领土幅员多寡而定。近代史上，我国落后挨打的根子之一就是科技落后。2014年6月9日，习近平总书记在两院院士大会上，揭示历史演进中蕴含的深刻逻辑。

习近平总书记强调，谁在创新上先行一步，谁就能拥有引领发展的主动权；必须向科技创新要答案。一个国家和民族的创新能力，从根本上影响甚至决定国家和民族的前途命运。一部科技革命和产业革命史，也是世界大国的崛起、更替、兴衰史。从机械化、电气化、自动化到信息化，重大科技革命带动经济产业革命，国与国的力量对比，一次次被改写。抢占"先机"，事关中华民族第二个百年奋斗目标。抢占"先机"，科技创新成为国际战略博弈的主战场。

2013年，习近平总书记主持十八届中共中央政治局第九次集体学习时强调：即将出现的新一轮科技革命和产业变革与我国加快转变经济发展方式形成历史性交汇，为我们实施创新驱动发展战略提供了难得的重大机遇。机会稍纵即逝，抓住了就是机遇，抓不住就是挑战。2018年，习近平总书记在两院院士大会上再提"历史性交汇期"问题，强调这是千载难逢的历史机遇，也是差距拉大的严峻挑战——有的历史性交汇期可能产生同频共振，有的历史性交汇期也可能擦肩而过。

科技创新，既是大变局的重要组成部分，也是大变局变化的关键力量。有效应对前进道路上的重大挑战、抵御重大风险，维护国家安全和战略利益，必须紧紧围绕科技创新，才能增强发展的独立性、自主性、安全性，掌握战略主动。曾经，我们对"李约瑟之问"难以释怀——"尽管中国古代对人类科技发展作出了很多重要贡献，但为什么科学和工业革命没有在近代的中国发生？"当前，新一轮科技革命和产业变革正在开启新的创新周期，这一次，中国科技工作者奋勇争先，从危机看先机，以只争朝夕的使命感、责任感、紧迫感锚定科技前沿。唯有创新才能掌握竞争和发展主动权，抓住科技创新这一关键变量，我们有基础、有底气、有信心、有能力构筑先发优势[9、10]。

1.3.4　健全新型举国体制

"举国体制"，即举全国之力攻克某一领域的难题，在组织模式上强调政府主导的"自上而下"，以实现国家战略目标为目的。推进方式上强调不同空间中的主体同时推进，以"空间上的并存"缩短协作的总时间；表现形式上强调"集中力量办大事"，集中大量人力、财力、物力等资源要素快速实现目标[11]。

"两弹一星"是发挥"举国体制"优势创建的最为辉煌的伟业之一。在当时财力异常紧张的情况下，国家不断加大科技投入力度，培养和引进科技人才，全力保障"两弹一星"科技人才的生活及科研需要。"两弹一星"模式的举国体制为纯粹的计划方式，主体包含政府和国企两类。国企在该模式中是政府执行科研活动的主体，是作业单位而非市场活动的自我调节主体，没有自我生存与发展的责任。政府作为完整的项目组织者、管理者和实施者，承担了除少量操作与执行功能外的几乎全部功能。

当今世界正经历百年未有之大变局，世界主要发达国家为保持国际竞争优势，高筑知识壁垒，试图对我国展开全方位的技术封锁，科技创新领域成为各国战略博弈的主阵地。与此同时，新一轮科技革命和产业革命蓄势待发，科技创新成为推动世界经济重心转移和政治格局改变的根本动力。在此背景下，迫切需要健全社会主义市场经济条件下新型举国体制，开展国家重大科技攻关活动，抢占科技竞争制高点，在战略必争领域取得重大突破，加速提升国家科技创新体系能力，实现科技自立自强。

"新型举国体制"在社会主义市场经济发展的背景下逐渐兴起。相比

"传统举国体制","新型举国体制"有三大突出特征:一是市场机制的作用发挥更为明显,通过市场机制反映资源的供求状况,有效进行生产和流通方面的调节,运用市场方式和经济手段来解决预算投入、利益分配等问题;二是充分发挥企业在技术创新中的主体作用,打破政府单一主体的管理和参与模式,建立以市场为导向、企业为主体、政策为引导的创新体系,使企业成为创新要素集成、科技成果转化的生力军;三是政产学研用等各创新主体在国家创新体系中的高效协同,将国家的重大科技创新战略、目标考核、社会动员、资源配置与市场激励机制有机结合,共同发挥优势作用,形成具有激励性、系统性的产业技术创新研发环境[11]。其"新"是在传统举国体制"集中力量办大事"的内核基础上进行的创新,包括"举国体制"的内容创新和方法创新,主要体现在"力量"之新、"导向"之新、"方式"之新。

"力量"之新。举国体制的内核是"集中力量办大事",这里的"力量"在新中国成立初期和在新时代的含义有所不同。在新中国成立初期,集中力量主要是当时的公立科研院所以及本土及归国科学家;在新时代,市场在资源配置中起决定性作用,可集中的"力量"有了更多内涵,除传统公立科研机构外,还包括多元化的"市场力量"和可统筹的"外部力量"[11]。多元化的"市场力量"指除政府部门、公立科研机构、国有企业、国家重点实验室等战略力量外的科技创新主体,如民营企业、科技成果转化中介、第三方服务平台等;可统筹的"外部力量"指开放式创新中的国际合作研发机构、国外科学家、国外大学创新团队等。

"导向"之新。即由"产品导向"转为"市场导向",由"目标实现"为主,转为"政治目标"与"经济效益"兼顾。传统举国体制注重国家目标的科技成果和工程产出,相对忽视基于市场收益的商品持续迭代及经济收益。新型举国体制强调科技创新不仅要面向国家重大战略需求,也要面向经济主战场;国家重大科技项目产出的用户不应只是政府,而要面向多元化的市场用户;科技创新活动不仅要考虑政治诉求,也要考虑市场竞争及要素稀缺性；科技创新过程要兼顾企业、高校、科研院所等多元主体的利益诉求和分工协作[11]。

"方式"之新。主要体现为由"政府主导"向"政策引导"的转变。传统举国体制是以行政配置资源为主，依靠政府的财政投入，依赖政府主导下科技资源及创新要素配置的大包大揽。新型举国体制则更强调市场在资源配置中的决定性作用，政府利用科技政策、产业政策、经济手段、行政手段等引导市场有序运行；引导创新要素向企业流动，使企业成为科技创新主体；引导政产学研用有机结合，充分调动多元主体协同治理的积极性及创造性；引导国内创新要素与国际创新资源的有机融合，在参与国际重大科技创新活动中提升国内创新能力[11]。

1.3.5 强化企业科技创新主体地位

社会发展需要为科技进步提供强大动力，有利于科技创新创造新的经济增长点，促进科技与经济相结合，并避免过去科技与经济"两张皮"的现象发生。恩格斯指出："社会上一旦有技术上的需要，这种需要就会比十所大学更能把科学推向前进。"科技创新具有高投入、高风险、长周期等特点，需要资本长期引领与催化，仅仅依靠政府参与、投入远远不够，必须充分发挥市场需求对科技发展的推动作用，推动科技创新与市场需求紧密结合[8]。

企业是市场经营活动的重要主体，它对市场需求具有敏锐的嗅觉，并能通过对市场需求的精准把握，推进科技成果转化，加快创新要素的流动，促进科技成果形成更好满足市场需求的产品，从而更好地让科技发展成果服务经济增长。因此，经济发展的必然结果是企业成为技术创新的主体[8]。

党的十八大以来，党中央在解决科技与经济"两张皮"问题的过程中，坚持突出企业技术创新主体地位。党和政府一直鼓励企业加强与其他创新主体之间的合作联系，尤其是加强企业、科研机构和高校之间的产学研合作，以促进高校和科研机构产出的科技成果能够通过企业与市场需求相对接，将科技发展成果转化为现实生产力。此外，党和政府还积极引导企业加大对基础研究的投入以增强企业核心竞争力，实施创新企业百强工程，为科技型中小企业创新发展营造良好的创新环境；还针对性地重点培育和打造一批具有国际竞争力的创新型龙头企业，促进企业加强研发资金和人员投入，多措并举使企业坐稳创新要素集成、科技成果转化主力军的位置[8]。

习近平总书记在党的二十大报告中指出：加强企业主导的产学研深度融合，强化目标导向，提高科技成果转化和产业化水平。强化企业科技创新主体地位，发挥科技型骨干企业引领支撑作用，营造有利于科技型中小微企业成长的良好环境，推动创新链产业链资金链人才链深度融合。"主导"作用和"主体"地位的提出，对企业在产学研融合中应发挥的作用提出了更高要求。"企业作为创新主体"的说法已经提了很多年，党的二十大报告加上了"科技"，使得企业在国家创新体系中的地位、角色、使命任务、科研活动均发生了很大变化。

1.3.6　发挥中央企业科技创新主导地位

在面对长周期、高风险和高不确定性的科技竞争时，多数民营企业等体制外参与主体难以承受持续性的高强度研发。而国有企业既有遵循政府意志和利益的一面，又有市场化经营运作的特征，这使得国有企业（央企或大型国企）能够成为新型举国体制落地的重要平台。而央企作为国有企业的代表，是社会主义制度的坚实物质基础和经济制度的根本保证，也是高质量发展的主力军、现代化经济体系的排头兵和创新型国家建设的突击队，因此理应成为新型举国体制的主导者。

2023年5月，科技部与国务院国资委召开工作会商会议。科技部党组书记、部长王志刚强调，中央企业是国家关键领域科技创新的重要战略力量，在实现高水平科技自立自强中发挥着"顶梁柱""压舱石"的作用。要进一步强化企业科技创新主体地位，发挥好中央企业出题人、答题人、阅卷人的作用。要支持中央企业面向国家重大需求，聚焦"卡脖子"领域，坚决打赢关键核心技术攻坚战，有效维护国家产业安全。要引导中央企业把基础研究摆在更加突出的位置，加大基础研究投入，提升原始创新能力。要加大中央企业对科技人才的吸引集聚，突破深层次体制机制障碍，为激发人才创新活力营造良好环境。国资委党委书记、主任张玉卓强调，国资委将进一步加大与科技部工作协同力度，推动中央企业扎实做好科技创新工作，在建设现代化产业体系、构建新发展格局中更好发挥科技创新、产业控制、安全支撑作用。希望科技部进一步支持指导中央企业深度参与国家实验室建设，积极推进科技领军企业建设；牵头实施基础研究项目，融入国家基础研究体系；参与国家重点研发计划、组建国家级创新联合体，强化关键核心技术攻关，打造原创技术"策源地"；完善具有市场竞争优势的科技人才激励机制，激发企业创新创造活力；加快硬科技成果转化，打通产业应用"最后一公里"，为中央企业更好发挥创新引领带动作用、实现高水平科技自立自强提供强有力政策支持[12]。

1.4 行业科技创新环境

1.4.1 行业科技创新现状

建筑业是为人民提供生活服务的刚需行业。近十年，我国在复杂结构建造、绿色建造、智能建造等方面的科技创新取得了长足进展。超高层建筑、大跨度空间结构、跨江跨海超长桥隧等特种结构工程建造技术居世界领先水平；建筑节能技术达到世界先进水平，新型建筑结构突破技术瓶颈，工程设计实现自主研发；计算机、物联网、3D打印、无人机等新兴技术在工程建造领域得到广泛的研究并取得快速进步，推动行业智能化发展。当前，我国对建筑产品的需求仍未减少，对建筑业的工艺、管理、产品方面的要求仍在增强。

尽管取得了重大进步，但我国建筑业整体仍呈现"大而不强"的局面，技术创新能力仍然较为薄弱，主要由以下原因导致：一是缺乏技术创新战略。不少建筑企业偏重企业生产经营目标的确立，缺乏发展战略层面的技术创新内容。二是技术创新障碍较大。企业自身缺乏创新投入的支持、技术创新人员较少、企业技术研发风险大。三是技术创新动力不足。政府除了在进行企业资质升级评审中有关于新技术方面的工艺要求外，建筑企业在市场中没有新技术研发落后带来的生存压力，导致建筑企业普遍没有创新动力。四是知识产权保护缺失。许多建筑企业更愿意在有能力的企业创新之后进行模仿，导致建筑企业之间呈现模仿不创新的恶性循环。

1.4.2 行业科技创新前景

20世纪70年代，以美国、欧洲、日本为代表的工业化国家纷纷构建了各具特色的工业化建造体系，采用现代工业化手段进行工程建造的比例高达80%，稳步走过了从标准化、多样化、工业化到集约化、信息化的不断演变和完善过程。可以说，西方发达国家工程建造的变革是一个串联式发展过程。

我国由于历史的原因，错过了前几次工业革命，直到中华人民共和国成立之后才开始逐渐有组织地推动工业化转型。改革开放以来，我国工业化进程快速推进，全方位缩小与发达国家的差距，但是在机械化、电气化、信息化方面的现实差距仍然无法回避。可以说，我国工程建造现在还没有完成工业化转型，甚至在还没有实现机械化的基础上，就直接进入了数字化、智能化竞争时代。为了抓住新一轮科技革命的历史性机遇，积极参与全球竞争，提供高质量工程产品，不仅需要准确把握科技发展智能化前沿，还要夯实自动化、信息化基础，更要同步补上机械化、工业化的功课，探索出一条并行式跨越发展的创新之路[13]。

我国作为全球工程建造大国，具有利用科技创新实现并行式跨越发展的有利条件。比如，庞大的市场空间产生巨大的需求拉动力，日趋完整的工业化体系提供了要素支撑，独有的工程大数据优势为数字技术的发展奠定良好基础[13]。如何利用诸多有利条件实现并行式跨越发展，工业化技术、智能化技术、绿色化技术与工程建造技术的融合创新是唯一途径。

1.5 思考

党的十八大以来，党中央、国务院多次强调：坚持创新在我国现代化建设全局中的核心地位，把科技自立自强作为国家发展的战略支撑，强化企业科技创新主体地位。建筑业是传统、古老、劳动密集型行业，从行业角度要认识到两个问题：建筑业是否也应将科技创新置于全局发展的核心位置？谁来承担建筑业科技创新的主体责任？可以明确的是核心地位需要与核心价值贡献相匹配，创新的主体责任需要与创新红利的享受相匹配，因此，要回答以上两个问题，需要从历史的经纬来剖析，需要从价值的规律来判断。

| 第 2 章 |
科技创新价值认知

　　从蛮荒进化到现代文明社会依靠的是不停求新求变、创新创造，科技创新对推动社会发展的巨大作用是永恒不变的，创新发展是社会持续发展的必由之路。正如习近平所说，创新是一个民族进步的灵魂，是一个国家兴旺发达的不竭动力，也是中华民族最深沉的民族禀赋。在激烈的国际竞争中，惟创新者进，惟创新者强，惟创新者胜。建筑业作为传统产业、民生产业、基础产业和国家支柱产业，科技创新一直是推动行业发展的核心驱动力，对建筑业而言，建筑技术一方面紧随社会进步步伐，另一方面也持续推动着建筑业向前发展，科技创新必将成为支撑建筑业实现高质量发展的关键因素。

2.1 科技创新对行业和企业的影响

科技创新是推动行业进步的根本性力量，社会变革赋予行业的永恒主题。回顾建筑业几千年的发展历程，建筑技术紧随社会发展步伐，在工业革命的影响下经历了跨越式发展，推动着建筑业不断进步。在第四次工业革命悄然来临之际，科技创新对支撑建筑业实现高质量发展的作用愈加明显，将在改变或提高工程建造方式、提高行业发展质量、促进产业结构优化等方面发挥重要作用。

2.1.1 建筑业技术发展历程

建筑业的发展，大致经历了原始萌芽状态、以居住为目标的农业文明阶段，以帝王宫殿与陵墓、宗教庙堂、军事工程、公共设施等为主体的手工业文明阶段，以及以采矿、冶金、交通、水利、电力等工业构筑物为核心的工业文明阶段，目前正在向智能化、信息化、绿色化的生态文明阶段迈进[14]。与建筑业的发展历史相对应，建筑技术的发展大致经历了古代建筑技术、近代建筑技术、现代建筑技术和当代建筑技术四个阶段。

（1）古代建筑技术

公元前 5000 年出现原始的土木工程活动，到 17 世纪中叶，人类为满足生活和生产需要修建了简陋的房舍、道路、桥梁和沟渠，后来为适应战争以及宗教传播的需要，兴建了城池、运河、宫殿、寺庙以及其他各种建筑物。

早期建筑如中国浙江余姚河姆渡遗址、古埃及的陵墓等多采用当地的天然材料，如泥土、树干、茅草、砾石，到了后期才发展了土坯、石材、砖、瓦、木材、青铜、铁以及复合材料（草筋泥、混合土）等[15]。这一阶段，建筑材料经历了从天然材料到复合材料的发展过程；建筑基本工具经历了从石斧、石刀到斧、凿、钻、锯、铲等青铜和铁制工具，再到人力或畜力打桩机、起重机等机械的过程；建筑结构体系则经历了早期的梁柱体系到拱券、穹顶体系，再到近似于框架体系的演变过程[16]。

古代建筑技术在历史发展中属于工匠传统，一般都经历了发明、改进、传播和长期经验积累的过程，它们不是科学理论的应用，而仅仅是符合人们后来总结出来的科学原理、定理、定律。

（2）近代建筑技术

17 世纪中叶至第二次世界大战的 300 年间，以蒸汽机和电力为代表的两次工业革命带来了社会技术革新，也推动了建筑技术在材料、工艺、结构等方面的进步。

这一时期，木、石、砖、瓦等传统建筑材料的效能不断得到优化，混凝土、玻璃、铁等混合材料得以改进，开发并应用了钢、钢筋混凝土、塑料、铝合金等新材料。

建筑材料的发展离不开建筑工艺的进步。冶金工艺方面，炼铁技术和玻璃生产加工技术大大提高了生铁和玻璃的产量，钢材的工业化生产为 19 世纪大规模建设提供了可能，加工工艺不断改进的铝合金材料，提供了轻巧且具有较高强度的建筑构件。塑料在建筑中的应用逐渐增多，例如塑料管道、塑料薄膜等，为建筑工程提供了更多的选择。施工工艺方面，升降机与建筑的结合为建筑突破 5 层高度限制提供了可能，并催生了预制装配式技术。这些工艺的进步促进了建筑技术的创新和发展，使得建筑行业能够更高效、更快速地进行设计、施工和装配。

这一时期建造方法的进步得益于大型水压机、铆接机、蒸汽挖掘机、蒸汽压路机、施工起重机等建筑机械设备的发展，这些先进的机械设备使建筑施工作业更加高效、精确和安全。同时，这种方法还将以前在建筑工地进行的作业转移到工厂，通过在工厂内进行预制和装配，提高生产效率、减少现场施工时间。

（3）现代建筑技术

第二次世界大战结束后至 21 世纪初，以信息技术、新材料技术和数字化制造为标志的第三次工业革命推动了建筑技术的数字化发展，设计方式开始了以计算机为工具的数字化设计，CAD 技术的普及和推广，建筑信息模型（BIM）技术将二维图纸推向三维信息设计和建造。

建筑材料的发展，主要体现在效能不断提升上，呈现出高强度、轻质化的趋势。如高强轻质混凝土 HSLC，对高层建筑有着巨大推动作用，自 20 世纪 60 年代以来在世界各国获得了长足发展和应用，英国、中国等国家将此材料广泛应用于桥梁工程和高层建筑中，如英国建造的北海石油平台和中国的上海环球金融中心。同时，纳米材料的出现为建筑材料带来了革命性的变化。纳米技术的应用使得材料具有更高的强度、更好的导热性能和自洁能力等特点。

得益于工艺技术的进步和数字化技术的发展，传统技术得以更新改造，建造方式向数字化方向发展，强调更加高效、低耗、低污染、低成本的工艺技术，大型机械设备也得到广泛应用。例如，盾构机在地铁、隧道和地下管道等工程中得到广泛使用，极大地提高了施工的速度和质量。架桥机被广泛运用于桥梁工程，可以高效地完成桥梁的组装和安装，大大缩短了桥梁施工的时间周期。施工方式上开始采用机器人技术，机器人能够执行如砌砖、混凝土浇筑、搬运和装配等复杂的任务，它们的精确性和高效性使得施工过程更加快速和准确。施工模式上呈现出工业化、信息化的趋势，到了 20 世纪 70 年代，国外建筑工业化进入了新阶段，现浇和预制相结合体系出现在高层住宅的建造中，全装配体系从专用向通用发展，基于轻质高强的建筑材料，如钢、铝合金、石棉水泥、石膏、声热绝缘材料、木制品和结构塑料，构成了轻型体系。施工组织上，数字化技术用于生产管理的全过程。同时，建筑结构形式多样化，一方面向着高层建筑结构不断演变，另一方面空间结构技术的提高推进了大跨建筑的发展，出现了网架结构体系、悬索结构体系、张拉膜结构体系等。

（4）当代建筑技术

近 10 年来，以物联网、现代通信、大数据、人工智能等技术为核心的第四次工业革命为传统建筑业转型升级带来了新的机遇，新一代信息技术日益广泛地应用于工程项目建设中，衍生出了"智能建造""绿色建造""精益建造""极端建造"等概念，推动建筑业向数字建造的时代发展。"智能建造"即"智能 + 建造"，是人工智能技术在工程建造全生命周期中融合应用所涉及的理论、技术和方法，其相关研究和实践主要包括工程智能化设计、智能化施工、智能化运营及智能化管理。"绿色建造"是一种以保护环境和节约资源为导向的建筑理念和实践，目标是在建筑物的全生命周期内，最大程度地降低对环境的负面影响，提高建筑的资源利用效率，为人们创造健康、适用的生活环境。"精益建造"的核心理念，是将制造业的"精益思想"在建筑业加以改造和应用，最大限度地消除建筑施工过程中的浪费和不确定性，最大限度满足顾客个性化要求，从而实现工程价值的最大化[17]。"极端建造"是指在极端环境下进行的工程建造，如太空建造、海洋建造（深海、远海等）、沙漠建造、高海拔区域建造、极深地下空间建造以及高危环境下的建造等。

面对生态、环保的需求，建筑材料一方面通过利用可再生能源和材料、设置废弃物回收系统等方式开发绿色材料，发展替代技术，例如，太阳能材料受到广泛应用，太阳能板和太阳能瓦片可以将阳光转化为电能，用于供电或供暖，实现能源的可再生利用。

如，中国香港的研究团队成功研发出一款新型陶瓷被动辐射制冷材料，具有高性能的光学特性，可实现高效的光散射和近乎完美的 99.6% 的太阳反射率，节省 20% 以上用于冷却空间的电力，同时还具有低成本、耐腐蚀、易制造等优势，展现出巨大的应用潜力，如图 2-1 所示。

另一方面，利用先进的数字化技术研究性能优良的复合新材料，如多功能、高效能的墙体材料，模拟生物元件功能的仿生材料及具有自感

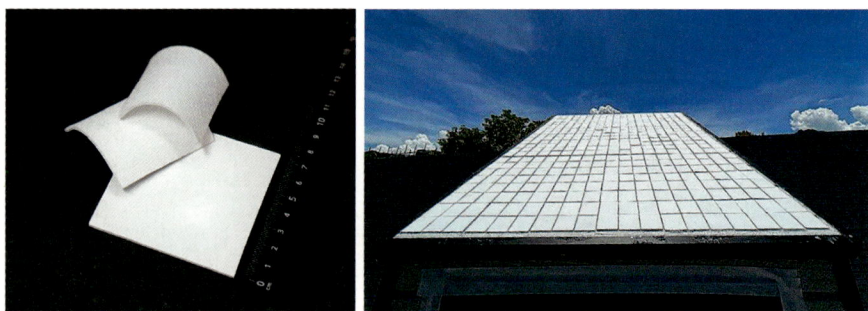

图 2-1　香港城市大学研发的新型陶瓷被动辐射制冷材料
（制冷陶瓷材料可用于建筑围护结构）

知、自适应等特性的智能型材料等。智能材料因具有独特特性，如可根据环境条件变化自动调整性能的智能隔声材料、智能感应材料、智能保温材料、自修复材料等，提升了建筑的功能性和可持续性，在建筑中的研究及应用逐渐增多。

　　如，芝加哥大学设计了一种类似变色龙的建筑材料，该材料为一种不易燃的水性"电致变色"建筑材料，其拥有一层特殊的"层"，根据外界温度变化，可呈现"固态铜"和"水溶液"两种形态，如图 2-2 所示；固态铜可保留大部分红外热量，水溶液则可释放红外热量；炎热时期可

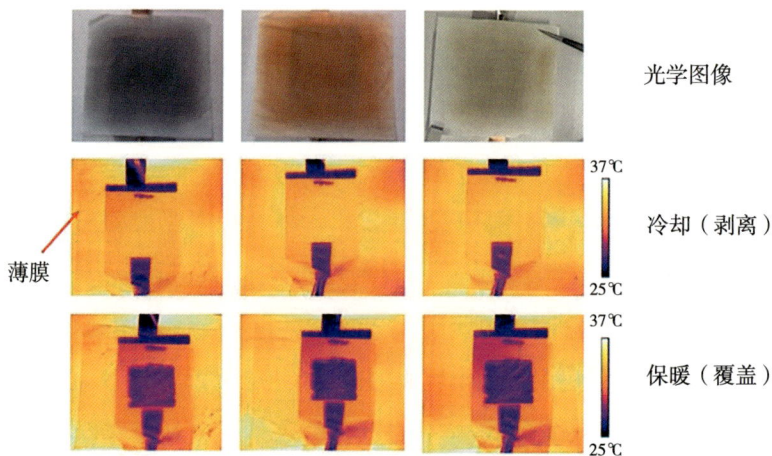

图 2-2　两种形态照片

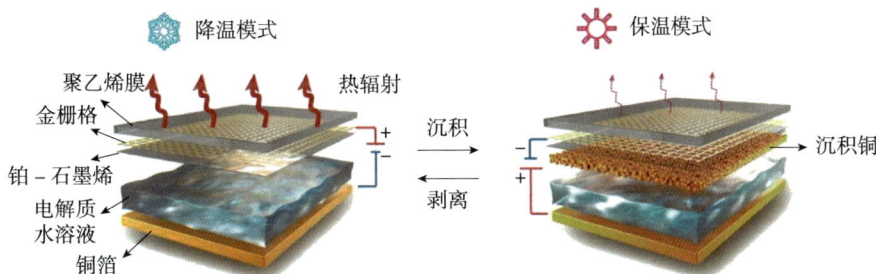

降温模式

保温模式

聚乙烯膜
金栅格
铂－石墨烯
电解质
水溶液
铜箔

热辐射

沉积

剥离

沉积铜

图 2-3 感温节能材料两种模式示意

释放高达 92% 的红外热量，帮助建筑物内部降温；寒冷时期仅释放 7% 的红外热量，帮助建筑保温，如图 2-3 所示。

在施工工艺方面，一方面，更加强调高效、低耗、高技术、低污染、高附加值、低运行费用的工艺技术，例如，3D 打印技术的发展使建筑材料以可定制、复杂的形式直接打印出来，这种技术不仅提高了施工效率，还为建筑设计带来了更多创意和可能性。2018 年，荷兰机器人公司 MX3D 制作完成了全球首座 3D 打印钢制人行桥（图 2-4），2021 年在阿姆斯特丹正式投入运营。

图 2-4 全球首座 3D 打印钢制人行桥

另一方面，数字化的引入，对建筑的设计、建造、运营、维护等过程进行模拟，不断提高设计和建造效率，校验建筑形态，并通过自动监控环境、降低建筑能耗等措施，实现多层面的建筑生态目标[18]。例如，无人机可以进行建筑现场的勘察、测量和监测，可以高效地获取大面积的数据，并实时传输到云端进行分析和处理。智能施工机器人可以在建筑现场完成重复性高、危险性大的工作，例如砌砖、焊接等，提高工作效率和安全性。另外，物联网和传感器技术的应用使得建筑可以实现智能化的监控和管理，通过安装传感器，可以实时监测建筑的能耗、温度、湿度等参数，并进行自动调节和优化。数字建造技术正努力在统一性和唯一性、共性化和个性化、集配式和特殊式之间实现平衡，使得每个产品都可以成为新式的、非标准化的、定制的和个性的、更优质、更廉价的产品[16、19]，从而将人从繁重的建造活动中解放出来，最终实现无人建造或少人建造。

2.1.2 工业革命的影响

工业革命是一种在较短时期内人类生产力爆发式增长、劳动者生产关系发生革命性变化的过程，它肇始于少数国家或地区，逐步影响到全球其他地方。工业革命通常以部分具有主导性技术的重大变革为标志，被快速、广泛应用于社会生产的各个部门、各个环节，进而引发经济发展方式转变。

（1）三次工业革命简述

1784年，珍妮纺织机的诞生，开启了第一次工业革命历程。这一时期从18世纪中后期持续到19世纪中期，以蒸汽机技术及相关机械制造技术为通用目的技术，以铁路、轮船、邮政为基础设施，以煤炭为主要能源，以报刊、电报为通信方式，机器工厂取代手工工场，生产方式由手工生产转变为单件小批量机械化生产[20]。

1834年，第一台实用电动机诞生，人类进入第二次工业革命时代。

这一时期从 19 世纪中后期持续到 20 世纪中期，以电力技术为通用目的技术，以石油为最主要能源，以公路、电网、石油管道为基础设施，以电话、收音机和电视为通信方式，催生出纵向一体化大企业，取代了机器工厂，生产方式由单件小批量机械化生产转变为大批量流水线生产 [20]。大规模生产方式的日益普及使产业结构发生了深刻变化，生产力水平出现巨大飞跃，生产关系也随之不断调整。

20 世纪中期，以电子计算机的发明和应用为主要标志，开启了第三次工业革命。这一时期以计算机技术为通用目的技术，以石油为最主要能源，以有线网络、无线网络为基础设施，以互联网、电子邮件为通信方式，生产方式由大批量流水线生产转变为多品种小批量柔性生产和模块化生产。计算机技术、原子能技术、空间技术以及生物技术的广泛应用和渗透融合，不断扩大劳动对象范围和边界，劳动生产工具也更加自动化、智能化；劳动生产率的提高，不再简单依靠人的劳动强度增加，而是更多借助技术升级、工具改进和管理创新来实现，科技成为国际竞争的焦点 [20、21]。

（2）三次工业革命历史经验

人类历史上已经出现过三次工业革命，技术是工业革命发展的核心驱动力。作为核心驱动力的技术是指人类对能源（动力）、材料、信息等关键要素的利用方式。技术变革使人类对物质本质和运动的认识发生根本性变化，并将其转化为对能源（动力）、材料和信息等要素的全新利用，由此支撑新产品、新服务的产生，推动生产过程、生产模式、企业组织方式等发生变化，在催生新产业的同时，从根本上改变传统产业的技术基础、组织模式和商业形态，这些变化持续在各领域渗透，从而最终促进全球经济结构和发展方式的深刻变革以及经济增长潜力的巨大释放。

同时，每次工业革命中都有典型国家或地区能够把握住技术革命的先机，主动适应产业变革，从而成为新的世界强国。其中，第一次工业革命的主导技术包括蒸汽机技术和采矿技术，在此次工业革命中较早实现主导技术突破，并获得国家实力飞跃性提升的典型国家是英国；第二次工业革命则是以内燃机技术、电气技术和钢铁技术等为主导，典型国家是美国和德国；第三次工业革命是以计算机、互联网等信息技术为主导，典型国家是美国。这些技术革命衍生出全新的产业，诞生若干伟大人物，造就新的伟大公司，使包括典型国家在内的一批国家和地区，其经济实力、社会发展乃至军事力量都高速增长，并在各自所处时代极大地改变了人们的生活水平。

（3）三次工业革命中慢一拍的建筑业

三次工业革命都极大地推动了人类社会的进步与发展，对人类社会的经济、政治、文化、军事、科技等产生了深远的影响。每次工业革命的科技成果都在制造业得到了迅速的关注和广泛的应用，推动制造业走出了一条机械化、电气化、自动化到智能化的发展道路。相比而言，建筑业作为技术集大成者，却在把握科技革命机遇、推动技术融合创新与应用方面总是滞后一拍，见表2-1[21]。

科技革命中滞后一拍的工程建造　　　　　　　　　　　　表2-1

工业革命通用目的技术	制造业标志性事件	时间	建筑业标志性事件	时间	时差
蒸汽机	蒸汽纺织机	1784年	蒸汽挖掘机出现	1833年	49年
内燃机、电力	第一台柴油发动机车问世	1893年	卡特彼勒推出柴油推土机	1931年	38年
	通用半自动生产流水线	1913年	第一条PC构件生产线	1954年	41年
计算机技术	CAM第一台数控机床	1952年	第一台数控推土机	1996年	44年
	CAD计算机辅助设计	1958年	计算机辅助设计	1982年	24年
	三维CAD应用	1962年	ArchiCAD发布	1987年	25年
	ANSYS第一款商业化通用有限元分析软件	1965年	土木工程商用有限元分析软件Atena发布	1981年	16年
	AutoPros第一款计算机辅助工艺规划系统软件	1969年	装配式建造工艺设计软件ALLPlan发布	1980年	11年
	PTC公司推出PRO/ENGINEER的参数化集成设计软件	1985年	建筑参数化设计软件RhinoV1.0发布	1998年	13年

从技术角度看，通用的技术与产业技术的融合与创新，推动了每一次产业革命的发生与发展。然而总体来看，工程建造对于通用目的技术的吸纳与应用比制造业总是滞后一拍。第一次工业革命中，珍妮纺织机出现的 49 年后，才诞生了工程建造领域的第一台蒸汽挖掘机；第二次工业革命中，第一条 PC 构件生产线的出现比通用半自动生产流水线晚 41 年；第三次工业革命中，计算机技术在工程建造领域的应用整体上也滞后约 20 年。当然，从时间尺度来看，建筑业正逐渐缩短跟随的脚步。

（4）第四次工业革命已经来临

近年来，人工智能、先进材料、机器人、区块链、网络安全、高性能计算、人机交互、大数据、物联网、3D 打印等技术呈现群体性突破之势，以新一代信息技术为核心的主导技术群正推动物理空间、网络空间及生物空间的融合，新生产方式和新商业模式不断涌现。新一轮工业革命的核心是智能化、网络化和数字化，新兴信息技术则扮演了通用技术和使能技术的角色，同时，数据资源将逐步成为国家和企业核心的竞争资源，数据甚至可能逐步取代传统的投入要素而成为经济系统中新的最重要的经济资源。

结合历史经验来看，几次工业革命标志性突破技术的日渐完善和规模化应用存在相似的三阶段演进过程。第一个阶段是技术攻关期，这个时期的技术创新主要基于基础研究的积累和发展，具有很强的科学推动特征，新技术的技术范式和技术路径并不清晰，从技术研发到推向市场的首个产业化产品，可能存在技术或经济性缺陷，从而阻碍大规模应用，如最早出现但未经过瓦特改良的纽科门蒸汽机等。第二个阶段是高速发展期，在多元化技术路线和商业模式探索下，出现了技术和经济性能达到相对最优的标志性产品（型号），如 IBM 公司在 1981 年生产的第一代个人电脑（IBM 5150），推动计算机产品开始走向大众消费者。第二个阶段是广泛应用期，伴随着技术的迭代更新，企业作为市场主体在巨大的商业利益驱动下，不遗余力地推动产品技术和经济性能持续优化，不遗余力地探索最佳的商业模式，新技术的应用开始催生新的产业，新技术在市场中开始加速应用和大规模商业化，并表现出很强的需求拉动特征。

未来有可能成为新工业革命主导技术的是新一代信息技术群，该技术群已经逐步显现出巨大的技术潜力。目前比较明晰的方向有人工智能、5G、区块链、量子技术等。按照前几次工业革命主导技术群的阶段性突破特征，可以看到新一代人工智能、区块链、增材制造和自动驾驶等技术已经处于高速发展的阶段；5G 技术已经成熟和产品化，进入广泛应用阶段；量子计算、储能技术等仍然处于技术攻关阶段。

（5）建筑业拥抱第四次工业革命

过去未去，未来已来，人类对于未来智能化的生产、生活场景充满期待，社会各界设想并勾勒出智能制造、智能建造、智能建筑、智能社区、智能交通、智能教育与医疗等智能化社会场景。第四次工业革命的核心技术研究在应用场景需求驱动下，不断明晰新的方向：人工智能、新一代信息技术、自动驾驶技术、3D 打印、智能机器人、新材料、物联网与生命科学等核心技术的超级聚合将使得物理世界、数字世界和生物世界之间的界限变得越来越模糊，甚至聚合产生新的技术。正是得益于这些技术的创新与聚合，人类对智能化未来的构想才能成为现实。

回顾建筑业的发展历史不难看出，三次工业革命显著提高了行业生产效率、质量控制及环境保护水平。从目前的发展趋势看，建筑业将在第四次工业革命中实现并行和跨越发展（图 2-5）。第四次工业革命将提高建筑业生产效率、创新业务模式、重构产业价值链、促进产业创新发展。建筑企业应把握新一轮工业革命的机遇，抓住现有的产业空间需求，以完整的工业化体系为要素支撑，以工程大数据为优势基础，将现代信息技术与现代建造技术融合创新，探索研发、设计、制造、建造、服务高度集成的新的生产与服务体系，推动建造技术向绿色化、智慧化、工业化方向发展，创造更广阔的技术应用成果，代表更高的产业价值。

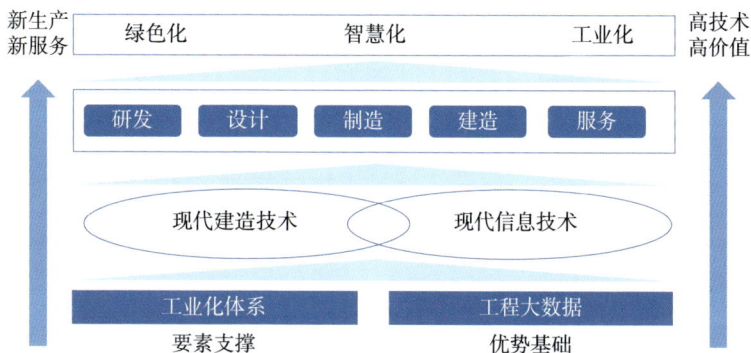

图 2-5　建筑企业在第四次工业革命中的战略机遇

2.1.3　科技创新对建筑业的重要性

在当前第四次工业革命的特定时期，我国正由建造大国向建造强国迈进，亟须科技创新。特别是在建筑工业化、智能化、绿色化进程中，提高建筑业科技创新发展的供给水平是实现建筑业高质量发展的关键[22]。结合建筑业的行业特征和企业运行规律，建筑业高质量发展的内涵就是要在保持较大产业规模的基础上，通过科技创新提高产业整体竞争力，主要体现为资源节约、环境保护、过程安全、精益建造、品质保证，最终实现价值创造[23]。

（1）改变工程建造方式

工程建造方式的每一次变革都是科技创新推动的，技术进步是建筑业发展格局转换的基本动力，促进工程建造方式变革，使传统工程建造方式向更加高效、精益、环保、安全方向升级，朝着智能化、工业化和绿色化的方向迈进。

正如现代工业体系需要彻底改变原有的传统工业基础一样，新型建造方式也必须采用高度智能化的先进技术，改造传统的建筑业生产方式。通过工程物联网、工程大数据以及人工智能等信息化技术与工程建造融合，可实现工程建设与运维的全过程智能感知、全场景智能决策与全流程智能控制，对规划、勘察设计、施工、运维等工程全生命周期全方位赋能，实现工程建造智慧化。利用数字化技术，将传统的建筑施工升级为"制造－建造"模式，将数字工具贯穿于各个专业系统各环节要素，在建筑全生命周期形成集成化标准设计、模块化部件生产和精益化机械施工，实现建筑工业化。以绿色材料为物质基础，通过绿色能源技术实现建筑设计－建造－运营环节的低碳，可最大限度减少资源投入量，实现绿色建造的完整生产，促进可持续发展。

（2）提高行业增长质量

建筑业科技创新将有利于提高行业经济增长质量，通过科技创新实现知识积累、技术进步及管理创新，从而培育发展新动力，实现建筑业由投资驱动向创新驱动转变。

建筑业科技创新包括知识创新、技术创新和管理创新等不同形式。知识创新主要包括新知识、新意识等成果，通过新知识改进和提升建筑业产品/技术的质量、性能等，提升产品/技术服务的市场价值，通过环保、集约等新意识促进研发更加节能、智慧、高效的产品，提高产出效率；技术创新主要包括新产品、新工艺、新服务等成果，通过技术进步形成新工艺、新产品，培育新市场，为建筑业经济增长提供新动力；管理创新主要包括新战略、新模式等成果[24]，通过对现有资源进行优化配置，与建筑业生产活动互相协调，改善企业的科技成果、缩短产出周期，从而提高经济效益；这些不同形式的创新成果从不同方面影响着建筑业的经济增长质量。

（3）促进产业结构优化

科技创新可通过促进产业升级及产业结构调整两个维度来实现建筑产业结构优化。一是技术创新直接作用于建筑业生产要素，提高要素质量和要素转换效率，提高技术水平，从而提高建筑业生产效率，推动建筑业技术密集型产业升级发展。二是科技创新通过挖掘新产品、创造新模式等方式形成新的产业市场，影响建筑业需求端结构，间接促进建筑业产业结构优化。

未来，行业将伴随着空间云聚集、产业链大协同、智慧化链接、绿色化建造、工业化生产、多元化建筑文化等新趋势的推进，塑造新的产业生态[23]。科技创新将全方位地促进行业服务模式转变及产业空间变革。一方面，建筑业的科技进步将催生更多附加值高、资源消耗少、环境污染小的高端服务，如全过程咨询服务、科技产业服务等；另一方面，伴随着数字产业的蓬勃发展及其与各行业的深入融合，建筑业数字产品、平台经济等将成为拓展建筑业产业空间的新力量。

（4）创造新的产业机会

科技创新不仅可以解决具体工程问题，还蕴含着巨大商机，能够创造新的产业机会。新兴产业通常与前沿技术密切相关，新技术的发展为市场创新主体提供新的广阔的机会，可以研发新产品、提供新服务，并改变传统行业的运作方式。

以材料产业为例。材料是传统产业升级和战略性新兴产业发展的基石，对于建筑行业而言，建筑材料的变革是推动行业进步的重要因素，也是产业化前景较为广阔的领域（图 2-6）。英国建筑工人约瑟夫·阿斯谱丁 1824 年发明了水泥，其所处建筑企业把握住水泥产业化的机会，收

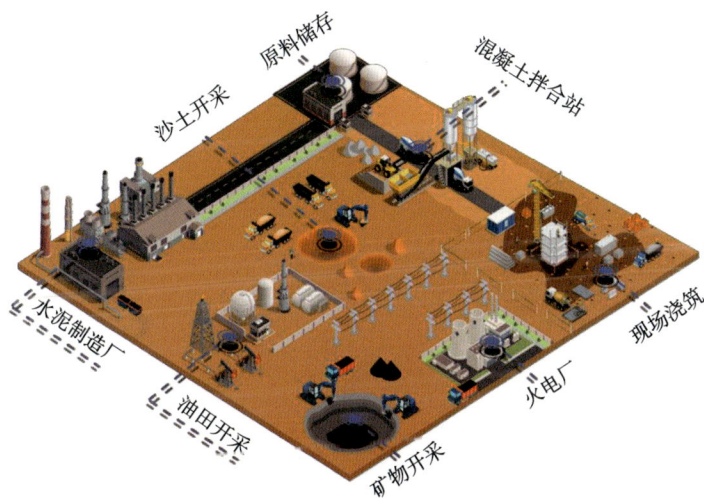

图 2-6　材料的发展推动建筑、能源等行业快速发展

获了丰厚回报；同时，水泥的产业化促进了采矿、能源、物流和机械制造等行业的快速发展，也推动了建筑业的整体进步。

材料领域产业化机遇蕴含的巨大经济效益，吸引了许多建筑企业。以中铁四局集团有限公司高铁轨道板充填层材料为例，2007年，中铁四局集团有限公司开展客运专线板式无砟轨道垫层水泥乳化沥青砂浆（CA砂浆）和乳化沥青技术的引进、消化、吸收和国产化研究，组建了专业化技术研发团队，针对不同类型无砟轨道板研制出了一系列充填层材料，并成功实现产业化，供应中国超7000km客运专线建设，累计产值接近30亿元，市场占有率居行业前三（图2-7）。

以工程机械/装备为例。工程机械的持续进步源于对效率、安全和可持续发展的追求，技术创新为其赋予了持续的动能。20世纪90年代是我国能源、交通等基础设施加速推进的关键时期，在建筑业发展迎来前所未有的"牛市"的同时，与建筑业密切相关的建筑机械也迎来巨大的市场机遇。当时90%的混凝土泵市场和拖泵核心产品液压控制系统被国外垄断，但大部分建筑企业仅关注建筑物混凝土灌注质量，而三一重工股份有限公司注意到了灌注技术本身的价值，看到了其中蕴藏的巨大价值和商业利润。三一重工股份有限公司坚持自主研发具有自主知识产权的混凝土泵车产品，以技术产业化作为创新的目标，积极招揽人才，攻克包括"液压控制系统"在内的各种"卡脖子"技术，打破国外垄断，实现了产品价值和商业规模的提升。现如今，三一重工股份有限公司已从县级企业发展成为国际知名的工程机械制造商（全球工程机械三强），也成为中国首家"破千亿"的工程机械企业。值得头部企业思考的是，相

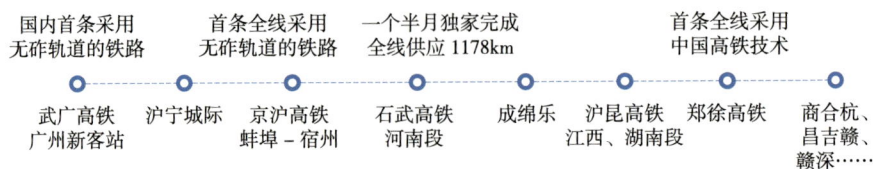

国内首条采用无砟轨道的铁路	首条全线采用无砟轨道的铁路	一个半月独家完成全线供应1178km		首条全线采用中国高铁技术
武广高铁广州新客站	沪宁城际	京沪高铁蚌埠-宿州	石武高铁河南段 · 成绵乐 · 沪昆高铁江西、湖南段 · 郑徐高铁	商合杭、昌吉赣、赣深……

图2-7　中铁四局集团有限公司高铁轨道板充填层材料产业化之路

对于三一重工股份有限公司，在通用机械国产化的过程中，头部企业在人财物上都具有优势，但主要聚焦于解决混凝土的生产、运输和灌注的工艺工法问题，最终没有抓住技术创造产业的机会。可以看到，在 21 世纪初大型土木工程专用装备国产化过程中，头部企业仅抓住了部分产业化机会，比如盾构机实现了产业化，给企业创造了巨大的经济效益，但铺轨机、运架设备等没有实现完全控制。

以建筑信息化为例。随着计算机的普及，计算机辅助设计成为可能，Autodesk 公司创立于 1982 年，最初合伙出资 59000 美元，创立初期致力于将传统的纸质化图纸向计算机绘图转变，以提高设计和绘图的效率与精确度。该公司于 1983 年售出了 1000 多份 AutoCAD 软件，总收入超过 100 万美元，随着公司进入高速运转阶段，开始拥有了自己的营销人员。公司从 1983 年不到 15000 美元的收入激增至 1984 年的 100 多万美元，公司利润超过 10 万美元。1985 年，随着 AutoCAD 的销量增长到约 25000 份，公司总收入增加到 2700 万美元，利润超过 600 万美元，Autodesk 进入了从二维绘图到三维绘图转变的更高阶段，并在 1985 年实现了上市，发布了 AutoCAD2.1，这是第一个包含三维功能的版本，在同年年底发布了包括日语在内的六种不同语言均可以使用 AutoCAD 的版本。1986 年致力于对 AutoCAD 进行实体建模增强，并发布了独立产品 AutoSolid、AutoCAD、AEC Mechanical 及 AutoFlix 软件。1994 年初，Autodesk 越来越明确要将其精力重新集中在 AutoCAD 和相关产品上，随后不断扩展 AutoCAD 功能以及提高其性能。2002 年，Autodesk 以 1.33 亿美元收购了建筑建模软件供应商 Revit，将 Revit 与 AutoCAD 2004 结合成一个名为 Revit 系列的产品，用以刺激销售。随着物联网、大数据、云计算等新兴技术的兴起，2010 年 Autodesk 开始将大量研发费用投资在"云计算"以及"移动"相关的领域，公司的研发预算为 3 亿美元，是当时美国市值 50 亿美元以上的软件和互联网公司中，研发费用占收入比例最高的一家企业。截至 2022 年，Autodesk 公司年总营收达 43.98 亿美元。国内方面，以广联达科技股份有限公司为例，该公司 1998 年创立初期，主要致力于为房地产企业开发钢筋统计软件和图形计算软件。随着信息化技术发展浪潮的袭来，广联达科技股份有限公司牢牢把握机遇，围绕工程信息化持续、高强度地投入研发，在工程造价软件研发方面取得了重要突破，并最终成功实现产业化。同时，技术产业化也为广联达科技股份有限公司带来了巨额回报，2010 年该公司成为建设工程领域信息化产业的首家上市公司，并经过多年的持续发展与壮大在 2022 年实现了约 65.5 亿元的营业收入。

2.1.4　科技创新与企业战略相互作用

随着科技的飞速发展，企业战略也在不断地调整和变革。在科技创新驱动的背景下，各行各业均需保持敏锐的洞察力和创新意识，制定适合自身发展的企业战略，并将科技创新置于全局发展战略性位置，以高度的战略定力坚持实行，不断提升科技创新能力和市场应对能力，促进企业高质量发展。

（1）企业战略决定科技创新地位

不同行业性质在业务和市场需求上存在着一定差异，但科技创新作为企业可持续发展的动力源泉，在企业内的位置并非完全由行业性质决定，而是企业战略选择的结果，是由企业发展战略和路线决定的。

通信行业被普遍认为是高科技行业，但在发展战略上，仍存在两种不同路线：一种是"贸工技"路线，是指先做生意，实现一定的原始积累，求得生存，然后开发新技术、新产品，并进行销售，找到新的利润增长点。另一种是"技工贸"路线，是指先开发新技术、新产品，加工生产以后进行销售，实现新技术、新产品所带来的丰厚利润。华为就是选择了该路线，积极投身到通信设备的研发中，并持续保持较高研发投入强度，进而研发出科技含量极高的通信设备，使得国内通信网络技术在 5G 上实现技术自主可控，并构筑了较高技术壁垒，在市场竞争中拥有显而易见的优势。

建筑业与通信业类似，位于产业链不同位置的企业对科技创新定位不同，产业链上游企业重视科技创新，而下游企业往往重视业务，且企业对科技创新的定位由企业战略及发展路线决定。例如，远大集团作为以采暖和空调制造起家的工业企业，在跨界成立远大住工后，涉足建筑工业化领域，将科技创新放在企业发展的重要战略位置，专注装配式建筑核心技术的研发。通过长时间和高强度的投入（持续研究 20 余年，完成 8 次技术与产品迭代），成功实现技术产业化目标，打造成装配式建筑领域领军企业，并成为装配式建筑行业香港 IPO 第一股。

（2）科技创新决定企业发展高度

企业战略的原点不是来自战略专家或战略职能部门，而是来自企业家，来自企业家对未来趋势与发展机会的洞察与感知[25]。企业家的战略定力决定着企业未来，科技创新是保障企业战略目标实现的关键，一定程度上决定了企业发展高度。例如，比亚迪创始人王传福对研发领域的重视从企业创始之初即展示出强烈决心，提出的"301"理念，即用 300% 的工程师投入来获取 1% 的技术领先，明确了技术创新在企业战略中的重要地位。20 年前，比亚迪从电池制造行业跨界进入汽车行业，汽车年销量长期在 40 万、50 万辆左右徘徊，期间经历了产品不被认可、技术不被认可、服务不被认可的过程。但在过去 12 年中，比亚迪有 11 年研发投入超过当年净利润，2019 年研发投入达到 84 亿元，而当年企业净利润仅 16 亿元，研发投入达到企业净利润的 5.25 倍。同时，比亚迪的快速发展也证明企业战略的稳定性和前瞻性的重要性，2008 年比亚迪成为世界上第一个将插电式混合动力汽车投入量产的企业，但从 2005 年到 2015 年，新能源汽车市场渗透率才突破 1%；2016 年到 2019 年，渗透率提升至 5%；截至 2023 年上半年，渗透率已达 32.4%。比亚迪是唯一一家在 2020 年大变革到来时，在技术、多车型产品、渠道布局和供应链上做好全部准备的传统车企，长期的技术创新和高强度的投入，使其成为全球首个生产 500 万辆新能源汽车的企业。比亚迪的成功虽受益于国家战略引领和政策支持，也充分展现了企业家的战略智慧和战略定力。

2.2 头部企业承担科技创新主体的必要性

习近平总书记在党的二十大报告中指出，强化企业科技创新主体地位。明确了强化企业科技创新主体地位的战略意义，为新时代新征程更好发挥企业科技创新主力军作用指明了方向。同时，科技部、国资委也均明确中央企业是国家关键领域科技创新的重要战略力量，在我国科技创新全局中处于战略地位。在考虑新型举国体制作用发挥及企业自身高质量发展的需求基础上，行业科技创新的主体应以头部企业为中心来承担。

2.2.1 有利于发挥新型举国体制的优势

新型举国体制是以社会主义市场经济体制为背景，在政府与市场双轮驱动下的协同创新理论基础上，寻求实现科技创新资源配置强度和效率的双突破，为国家重大科技创新或解决"卡脖子"问题以实现高水平科技自立自强提供制度基石。

在新发展阶段，头部企业具有多方面的优势支撑其承担行业科技创新主体责任，可以充分发挥出新型举国体制的制度优势。一是具有协同优势，头部企业在产业链和创新链方面具备相对完整的布局，可实现资源快速聚集。二是具有人财物优势，头部企业拥有充足的人力、资金、资源和技术优势，具备引领行业技术发展的能力，是天然的领导者。三是具有市场优势，头部企业在市场上占据主导地位，有利于技术成果的快速转化、产业化以及行业标准的制定与推广。四是具有体制机制优势，头部企业有讲政治的优良传统，有完善的体制与机制，有强烈的促进行业技术进步的使命与担当，是执行国家意志、服务国家战略、履行社会责任的主力军。

在建筑业中，头部企业承担重大科技攻关充分体现了新型举国体制所发挥出的优势，以盾构机的自主化研究为例。盾构机具有"工程机械之王"的称号，在国产化之前，德国、日本和美国等国家掌握着盾构机的核心技术，并实施了严厉的技术封锁，致使国内所需盾构机设备均依靠进口，不但价格昂贵（单台售价高达 3 亿元），还需支付不菲的技术维修费用。2001 年，中铁隧道集团有限公司盾构机研发项目组正式成立，由李建斌（时任隧道局副局长）担任项目经理，组成了 18 人原始项目团队，开启了盾构国产化的新征程。2002 年，中国铁路工程集团有限公司（以下简称"中国中铁"）承担的"关于隧道掘进机关键技术的研究"被正式列入 863 计划，研发中国自己的盾构机成为国家意志。经过 7 年多的探索与研发，在持续投入大量的人力、物力、经费的基础上，科研团队成功攻克了一项项关键技术，2008 年 4 月，我国自主研制的首台复合盾构机"中国中铁 1 号"诞生（图 2-8）。时至今日，国产盾构机经过不断的技术升级，以出色的稳定性和性价比，占领了国内 90% 以上的市场，并不断走向国际市场，全球市场份额超过 2/3。

图 2-8　我国自主研制的首台复合盾构机"中国中铁 1 号"

2.2.2 企业高质量发展的需求

高质量发展是全面建设社会主义现代化国家的首要任务，是中国式现代化的本质要求之一。企业是宏观经济社会发展的微观主体，是实现产业和经济高质量发展的基础和重点，科技创新为企业实现高质量发展提供了强力驱动。在建筑业中，由头部企业承担科技创新主体责任能有效提升工程建设效益、企业管控水平、市场竞争力及吸引力，这是头部企业自身高质量发展需求的体现。

（1）提升工程建设效益

建筑业作为传统行业，在工程建设效益上存在着利润率低、成本管控复杂等问题，通过技术创新、优化设计标准等手段，治通病、控成本、促效益，提升工程建设水平，是建筑业健康、持续、快速发展的关键，也是建筑企业自身高质量发展需求的重要体现。以杭州湾大桥建设为例：建设过程中，杭州湾大桥建设方贯彻创新理念，大力开展技术创新，在提质增效方面取得了良好效果。通过理念创新实现设计标准优化，使得桥梁设计荷载大幅下降，并选择合理孔跨及结构形式，实现节约钢材近1万t；采用泥浆分离器，解决砂层难以成孔难题，使得钻孔桩效率提升2.5倍；发明悬臂导向定位架，把桩基海中定位转为空中定位，设计采用新型模块化正交异性板及组拼式钢梁，把海上拼装转化为工厂制造组装，效率提升9倍；发明装配式底板钢吊式围堰，解决强潮差承台难以封底难题，保证质量，效率提升1倍以上，并节约封底成本近5000万元；采用高压入海及海中打井方式，节约电费水费近3000万元。

（2）提升企业管控水平

建筑业是劳动密集型产业，在企业管理中"以人为主"的管理方式常导致管理标准不统一、管理体制不健全、质量管理不到位、管理效能较低等问题。通过技术创新可以解决企业传统管理难以解决的问题，由"人控"为主转向"技控"或"工控"为主，对"人"控制转变为对

"物"的自动控制，过程可量化且可控性增强，并可将个人经验积累转变为平台数据资产。具体体现在两个方面：一方面新技术的应用能有效提升项目管控水平，比如智能化加工厂的出现，将野外施工转移到集中预制甚至是装配式制造，许多传统预制加工厂中容易出现的诸如作业精度不高、人员作业安全风险、与人有关的管理漏洞等质量、安全问题都可迎刃而解；另一方面信息技术的应用能够揭示经验管理难以发现的规律，比如通过虚拟建造技术能更快、更有效地实现资源配置，预判工程建设的风险；利用大数据分析能够发现深层的关联性，提升管理措施的针对性；运用平台技术能够实现供应链更紧密的协同，降低成本；采用业务管理系统能够发现管理上的异常，实现实时预警和及时处置。

（3）提升企业市场竞争力

随着建筑市场增速放缓、低碳经济压力、人口红利结束和第四次工业革命的到来，建筑企业进入新的发展历史阶段，企业之间的竞争方式、要素发生根本性的改变。竞争方式从"关系竞争"时代向"能力竞争"时代过渡，科技创新能力成为企业竞争力的核心要素，企业只有通过积极应对和利用科技创新，才有可能在市场中形成不同层级的竞争力或优势。第一个层级是通过科技创新，使头部企业获得一定领先的实用技术优势，实现成本降低、效率及行业认可度提升，在市场上形成不稳定的、相对领先的地位。第二个层级是通过科技创新，使头部企业具备难以模仿的技术技能、操作技巧或专有产品，在市场上形成较稳定的、显著的领先地位。第三个层级是通过科技创新，使头部企业具备代际技术优势，形成对其他企业的降维打击，在市场上占据控制地位。

（4）提升企业吸引力

建筑业对年轻人的吸引力正逐步下降，大学应届毕业生期望就业的行业中房地产／建筑业出现了下降趋势，根据相关机构发布的《2024大学生就业力调研报告》，这一比例由 2023 年的 5.2% 收缩至 4.8%[26]，如图 2-9 所示。另外，根据国家统计局发布的《2023 年农民工监测调查

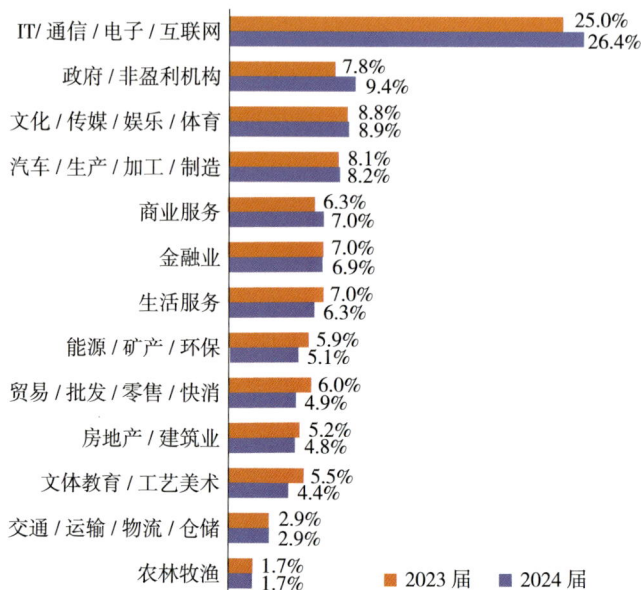

图 2-9　应届毕业生期望就业的行业分布

报告》，从事建筑业的进城务工人员比重由 17.7% 降至 15.4%；同时，进城务工人员年龄也逐渐老化，平均年龄达到 43.1 岁，比上年提高 0.8 岁，21~30 岁的年轻群体从 2022 年的 18.5% 下降至 15.4%。此外，建筑业一线职工队伍还存在不稳定现象，高度的流动性和野外作业环境不佳等特点导致头部企业一线员工流失较多。

头部建筑企业只有通过科技创新，在提升企业形象的同时孵化新兴产业，实现机械化、信息化和工厂化制造，改善员工生活、工作环境，才能提高对年轻人的吸引力，解决人才流失问题，增强企业活力。

2.3　头部企业科技创新动能不足原因分析

科技创新对于企业高质量发展的意义重大，技术成果的产业化也能为企业带来直观经济效益。但在建筑业中，头部企业却未能充分感受到科技创新的强大动能，这是由国家、行业发展的历史阶段特征、行业环境、行业对外开放程度以及企业同质化竞争战略等因素共同影响导致的。

2.3.1　国家、行业发展阶段影响

国家、行业发展的历史阶段特征使得建筑业科技创新动能不足的原因主要有三个方面：一是自新中国成立以来，我国建筑业经历了起步、探索、规范等阶段，现正处于高速发展向高质量发展过渡的阶段。但在过去的几十年里，建筑业发展的数量比质量更为重要，主要依赖数量扩张以实现增长，而相对较少关注产品或服务的质量，呈现出粗放式的特征。二是人口素质和人口结构在很大程度上决定了产业的发展质量，当人口素质较低或人口结构不适宜承担重大科技创新和重大项目时，产业往往会朝着劳动密集型方向发展，在此情况下，国内建筑产业的发展更多依赖于人力资源，而不是技术创新。三是国内建筑业在技术上长期处于追赶阶段，缺乏前瞻性和基础性技术研究的必要性和动力，通常以模仿、引进、消化和吸收的形式开展创新活动，难以进行原始技术创新或核心技术创新，因而也无法获得市场回馈的相应红利。

2.3.2　行业对外开放程度低

我国建筑行业大多为基础设施建设，对外开放程度较低，尽管国外部分企业在设计、施工及装备等领域拥有相对领先的地位，但受到资质的限制及市场壁垒的影响，很难进入国内建筑市场，也无法对国内建筑企业产生根本性冲击。以核电站建设为例，中国近年来核电市场的快速发展吸引了国际各大核电站建设企业的目光。但由于核电是国家高度敏感领域，涉及国家安全和技术保密等因素，国外企业在核电站建设中受到了一系列严格准入、资质限制以及安全审查等要求，虽然如法国阿海珐集团、美国通用电气公司等在核电站建设方面具有深厚的技术积累和良好的建设口碑，但依然难以进入国内核电市场，无法对中广核集团有

限公司、中国核工业建设股份有限公司等企业带来冲击。

2.3.3 行业科技创新环境有待改善

目前，国内建筑业普遍存在价值扭曲现象。根据项目管理理论，规划设计对项目价值影响应达到 70%，但国内少有带设计方案竞争的施工总承包，更未能实现以设计为主导的施工总承包，从源头上阻止了设计方科技创新的动力，也使得设计采用新理论、新结构、新方法的动力不足，设计创新的巨大能量未能充分释放。

以香港沙田地下污水处理厂招标投标为例，工程位于岩洞中，共分七纵四横 11 个主要洞室，洞室洞径 32m，整个岩洞建筑群体积达 230 万 m³。中国中铁采用传统复合式衬砌方案，投标价 63.48 亿港元；中国建筑集团有限公司（简称"中国建筑"）采用国际先进的单层衬砌方案，投标价仅 42.21 亿港元，报价虽低，预计利润并未减少，反而有所增加，最终成功中标。出现这一现象的原因在于设计理念的差距，沿用传统复合式衬砌方案导致施工复杂、设备投入量大、材料消耗多、工程造价高，从而使中国中铁的方案和报价均失去了竞争力。

国内建筑行业的标准过于刚性，且弹性不足，存在着标准制约技术创新、成果转化的现象；但国外发达国家的行业标准更多的是推荐性标准，设计企业在遵循标准的同时拥有较大的发挥空间，也因此能获得更多的利润。

以隧道单层衬砌为例，挪威诺达尔公路隧道和瑞典斯德哥尔摩地铁已经成功应用了隧道单层技术；在国内，虽在青岛地铁 3 号线人民会堂站至汇泉广场站区间隧道应用了单层衬砌技术，并在试验段中，每延米单洞节约投资达 8660 元，总计节约投资高达 864.9 万元，但国内相关设计规范中对单层衬砌的说明内容较少，未能明确各项参数，尽管有关单层衬砌的技术难题已经逐步解决，行业仍较难接受单层衬砌设计理念。

同时，国内建筑行业普遍存在专利保护意识薄弱问题，使得专利发明者很难享受到知识产权带来的红利，且许多高质量专利被广泛免费使用，科技创新成果频繁受到模仿。国内标准与标准必要专利没有捆绑，不能充分享受专利的红利。在此情况下，行业内科技创新成果难以得到合理回报，也缺乏持续动力去推动更深层次的创新。

2.3.4　企业科技创新赋能不足

建筑企业高质量发展，离不开科技创新，但科技创新赋能企业高质量发展不足，主要存在六个方面的具体问题：一是建筑企业科技创新的目标往往偏低或偏离了正确方向，主要集中在解决工程项目具体问题上，基础性和前瞻性不够，忽略了成果的产业化；二是一些企业过于追求科技创新的数量和奖项，出现"为了创新而创新"的问题；三是建筑头部企业科技创新的途径和方式也存在一定问题，原始创新的比例较低，模仿和集成创新情况较为普遍，使得头部企业未能成为核心技术创新的真正主体；四是头部企业被动创新多、主动创新少，大多数创新均是为满足业主要求，在项目中参与由业主主导的科技创新环境不完全利于释放科技创新的效能；五是头部企业的科技创新陷入了"投入不足导致赋能不足，赋能不足又进一步导致企业不愿投入"的非良性循环；六是体制机制上还制约着科技创新效能的提升，仍然存在科研项目组织刚性不足、协同创新能力薄弱等问题。

2.3.5　企业竞争战略同质化

增量时代，在规模速度型发展模式下，头部建筑企业不约而同选择了"工贸为主"的路线和同质化竞争战略，拥有核心技术较少，非自主核心技术成为头部企业共同的底座和平台。在此竞争战略下，决定企业规模和发展速度的经营效率，成为头部企业在同一纬度竞争中最大的核心竞争力，揽得多、干得多，就赚得多，并采用相同技术、投资相同设备和工装、服务相同类型顾客、提供价值几乎相同的产品，使竞争的重心转向价格，而非通过技术创新提升企业竞争力或忽略原始创新和核心技术创新。当前，头部企业在市场竞争中似乎又正在忽略新一代信息技术与行业融合的自主创新和技术产业化，而是将其作为业务拓展或解决问题的底座，忽略了技术本身即具有产业化机会的属性，如传感器和装配式智能化生产线企业排名前六的均为民营企业或外资企业，见表2-2、表2-3。

传感器企业排名　　　　　　　　　　　　　　　　　　表 2-2

排名	企业名称	企业集团	类型
1	上海韦尔半导体股份有限公司	韦尔股份	私企
2	格科微电子（上海）有限公司	格科微	外资
3	深圳市汇顶科技股份有限公司	汇顶科技	私企
4	苏州纳芯微电子股份有限公司	纳芯微	私企
5	思特威（上海）电子科技股份有限公司	思特威	外资
6	苏州敏芯微电子技术股份有限公司	敏芯微电子	私企

装配式智能化生产线企业排名　　　　　　　　　　　　表 2-3

排名	企业名称	企业集团	类型
1	筑友智造科技投资有限公司	筑友智造科技	私企
2	三一筑工科技股份有限公司	三一重工	私企
3	长沙远大住宅工业集团股份有限公司	远大住工	私企
4	北京好运达智创科技有限公司	好运达智创	私企
5	美好建筑装配科技有限公司	北京温尔馨	私企
6	杭州固建机器人科技有限公司	固建机器人	私企

2.4　结论

从历史的经纬进行分析，建筑业的发展历程是一部由技术创新推动发展的历史，也是一部紧随社会进步的历史，同时是一部创造新的产业机会的历史，每一次的技术代际进步都意味着工程建设的效率、质量、安全等出现根本性提升，或产生颠覆性变化；一部企业的发展史，是企业战略与科技创新相互作用的历史，拥有代际领先优势的国家和企业，将有降维打击的能力，且无法通过其他方式来弥补；在技术上具有显著优势的，将在市场竞争中处于领先地位。

从科技创新的价值分析，科技创新在支撑建筑业发展的进程中，所发挥出的改变或提高工程建造方式、提高行业发展质量、促进产业结构优化等重要作用，赋予了科技创新应当被置于行业和企业发展的战略位置。在新发展阶段，科技创新可以赋能企业可持续发展和效益提升，在企业高质量发展中不可或缺。头部企业应主动承担科技创新主体责任，其有利于新型举国体制优势的发挥，也是提升工程建设效益、企业管控水平、市场竞争力和企业自身吸引力的必然要求。未来在科技创新的强力推动下，建筑业新的产业机会也将不断涌现，科技创新仍将是也必将是行业和企业发展的核心动能。

第 3 章

建筑业科技创新形势分析
与未来展望

　　建筑业是我国国民经济的支柱产业，其发展质量对我国国民经济、社会发展以及国家安全有着重要影响。然而，我国建筑业面临行业发展模式粗放、利润持续下滑、能耗高、污染严重、人口老龄化、安全质量问题突出等诸多挑战，严重阻碍了行业高质量发展。当前我国正由建造大国向建造强国迈进，建筑业正处于新型工业化、智能化、绿色化转型的关键时期，必须积极发展科技创新，提高建筑业科技创新发展的供给水平。头部建筑企业作为推动建筑业产业链发展的中坚力量，必须正确认识建筑业科技创新所面临的形势及产业发展的未来方向，从技术创新中发现新的商机，创造新的产业机会，推动企业向高质量发展迈进。

3.1 科技创新需求分析

3.1.1 国民经济高质量发展需要建筑业科技创新

党的二十大报告强调，高质量发展是我国全面建设社会主义现代化国家的首要任务，国民经济高质量发展是新形势下的必然要求。建筑业作为拉动我国经济发展的五大支柱产业之一，是影响我国经济发展的重要行业。近十年，我国建筑业总产值占国内生产总值的比重始终保持在6.85%以上，规模保持在7万亿元左右，我国建筑业国民经济支柱产业地位稳固；但从产业利润率看，2016年以来建筑业产值利润率连续走低，2021年和2022年已连续两年低于3%[27]，这也暴露了我国建筑业发展质量与效益不高等问题，如图3-1所示。建筑业占国民经济的比重大，其效益提升对国家经济高质量发展具有明显促进作用，是国家实现高质量发展需要攻坚的重点行业。

国家在交通强国、制造强国、质量强国、数字中国等多项国策中对建筑业高质量发展提出方向指导和目标要求，通过信息技术、智慧技术、绿色技术、数字技术等与建筑业的深度融合，提升建筑技术水平，推动

图3-1　建筑业总产值及占GDP比重（2012—2022年）

行业高质量发展，实现建筑业提质增效。科技创新则是实现建筑业与新兴技术融合的重要途径，见表 3-1。

建筑业高质量发展的相关国家战略　　　　　　　　　　　表 3-1

发布时间	国家战略	建筑业高质量发展相关要求
2015 年	《中国制造 2025》	坚持把创新摆在制造业发展全局的核心位置，大力推动重点领域突破发展，瞄准新一代信息技术产业、先进轨道交通装备、新材料等战略重点，引导社会各类资源集聚，推动优势和战略产业快速发展
2019 年	《交通强国建设纲要》	推动交通发展由追求速度规模向更加注重质量效益转变，由各种交通方式相对独立发展向更加注重一体化融合发展转变，由依靠传统要素驱动向更加注重创新驱动转变，构建安全、便捷、高效、绿色、经济的现代化综合交通体系
2023 年	《质量强国建设纲要》	提升建设工程品质，打造中国建造升级版，加大先进建造技术前瞻性研究力度和研发投入
2023 年	《数字中国建设整体布局规划》	推动数字技术和实体经济深度融合，在农业、工业、金融、教育、医疗、交通、能源等重点领域，加快数字技术创新应用；构筑自立自强的数字技术创新体系

3.1.2　社会绿色低碳可持续发展需要建筑业科技创新

2020 年 9 月 22 日，习近平主席在第七十五届联合国大会一般性辩论上郑重宣布："二氧化碳排放力争于 2030 年前达到峰值，努力争取 2060 年前实现碳中和。"碳达峰、碳中和战略目标的提出，是贯彻新发展理念、构建新发展格局、推进高质量发展的内在要求 [28]，也是一场广泛而深刻的经济社会系统性变革，要求各行业向绿色转型发展。

我国建筑业能耗排名位列第三，是能源消耗和碳排放重点行业。数据显示，2020 年全国建筑业能耗总量达 22.7 亿吨标准煤（tce），占全国能耗的 45.5%。其中，建材生产阶段能耗 11.1 亿 tce，占全国能源消费总量的比重为 22.3%；建筑施工阶段能耗 0.9 亿 tce，占全国能源消费总量的比重为 1.9%；建筑运行阶段能耗 10.6 亿 tce，占全国能源消费总量的比重为 21.3%。建筑业全过程碳排放总量为 50.8 亿 t CO_2，占全国碳排放

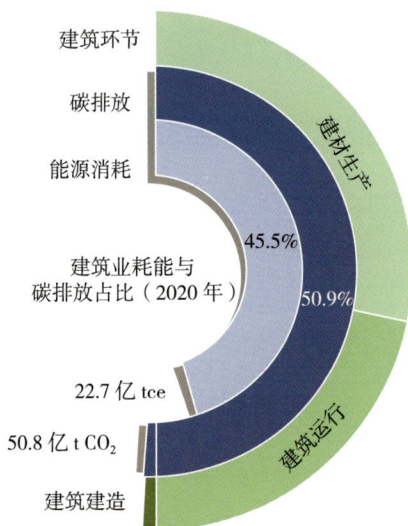

图 3-2 2020 年全国建筑业能耗及碳排放情况

的比重为 50.9%。其中，建材生产阶段碳排放量为 28.2 亿 t CO_2，占全国碳排放的比重为 28.2%；建筑运行阶段碳排放量为 21.6 亿 t CO_2，占全国碳排放总量的比重为 21.7%[29]；建筑建造阶段碳排放量为 1.0 亿 t CO_2，占全国碳排放总量的比重为 1.0%；如图 3-2 所示。建筑业在能源消耗和碳排放均占半壁江山，是我国实现"双碳"目标攻坚克难的重要阵地。

　　建筑业要实现"双碳"目标，发展绿色建造技术是关键。早在 20 世纪末，西方发达国家已逐步将可持续发展确立为建筑过程根本理念，绿色建造相关的立法、评价体系、示范工程等得以确立和实施，"绿色建筑""零碳建筑"和"可持续建造"等绿色建造行动也在逐步探索与实践中进一步发展。21 世纪以来，在前期探索和实践的基础上，绿色建造在西方发达国家得到较快的普及与推广，成为建造领域的主导发展方向[30]。我国绿色建造技术起步较晚，与西方发达国家差距明显，主要表现在我国尚无可以遵循的绿色建造顶层设计的路线图、政策、法规和标准体系，更未形成具体实施行动方案，建筑低碳技术、工程零碳技术、低碳建材、建筑垃圾回收利用技术等仍存在诸多尚待突破的难题。以建材垃圾资源

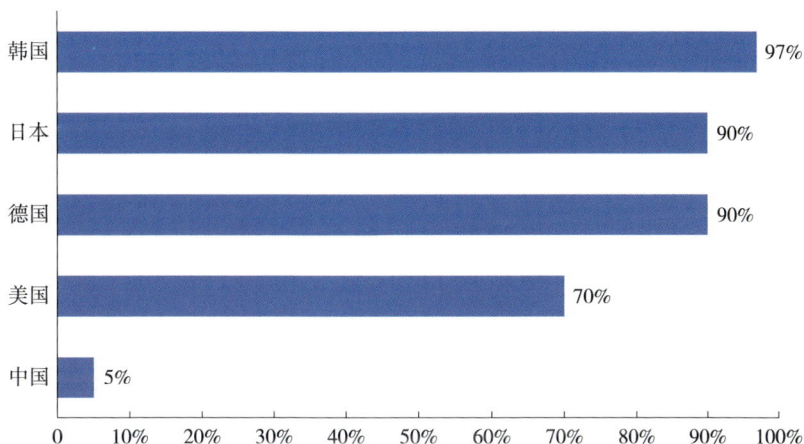

图 3-3　各国建筑垃圾资源化率对比

回收技术为例，我国每年产生建筑垃圾 35 亿 t 以上，占城市垃圾总量的 30%~40%，排放总量为 15.5 亿~24 亿 t，但我国建筑垃圾资源化率仅为 5%，而部分发达国家建筑垃圾资源化率已达 90%[①]，由此可见我国相关技术落后程度明显，如图 3-3 所示。我国建筑业"碳达峰、碳中和"仍存在诸多技术瓶颈，必须依靠科技创新攻克绿色建造技术难题，推动建筑业绿色低碳转型，助力国家"双碳"目标实现。

3.1.3　国家安全需要建筑业科技创新

党的二十大报告指出，国家安全是民族复兴的根基，社会稳定是国家强盛的前提。必须坚定不移贯彻总体国家安全观，把维护国家安全贯穿党和国家工作各方面全过程，确保国家安全和社会稳定。建筑工程是经济高质量发展的物质基础，是国家安全的重要条件，建筑业发展要服务好社会安全、国防安全、经济安全等国家安全需求。

新形势下，建筑业除了智能、绿色两大主要方向外，国家安全也对建筑韧性这一问题提出了发展要求：一方面，我国当前所面临的国际国

---

① 数据来源：建筑垃圾管理与资源化工作委员会。

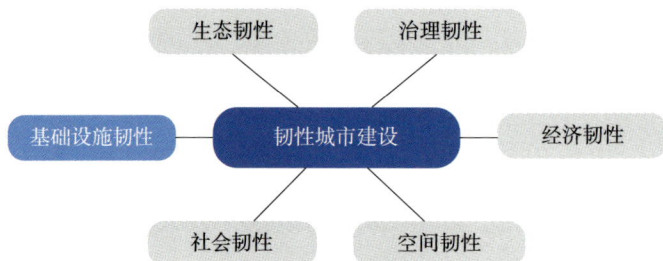

图 3-4　韧性城市建设

内环境日趋复杂，在局势尚不稳定的情形下，基础设施容易成为重点打击对象，因此，建筑工程应具备抗打击和快速修复能力，以保障社会安全和国防安全；另一方面，近年受全球变暖气候影响，极端恶劣天气、自然灾害等事件频发，建筑工程应保持抗各类自然灾害破坏能力，同时提升应急服务能力，以保障社会安全和经济安全。2020 年 10 月的中共十九届五中全会中央文件首次出现"韧性城市"[①]，2021 年被写入国家"十四五"规划，"韧性城市"成为城市安全发展的新范式。城市功能或结构韧性可以分为技术韧性、经济韧性、社会韧性和政府韧性等多个方面，基础设施韧性作为城市应对灾难风险的重要硬件设施，是韧性城市建设的重要内容（图 3-4）。2023 年 4 月 28 日，中共中央政治局召开的工作会议首次提出了"平急两用"[②]这个说法，并提出在超大特大城市积极推进城中村改造及"平急两用"公共基础设施建设的要求。"平急两用"基础设施是为应对"韧性城市"需求而提出的解决方案。

我国在建筑韧性方面的研究刚起步，在韧性建筑设计、建筑抗灾害评估方法、韧性建筑建造技术、建筑快速修复技术等方面亟待科技创新支撑发展。

---

① 韧性城市的概念于 2005 年由韧性城市联盟提出，主要指城市系统在遭遇外界（灾害）刺激时，能凭借自身能力很好地抵御和减轻灾害，并通过合理调配资源从而在灾害中快速恢复过来的城市系统。
② "平急两用"实质是对"平疫结合""平战结合""平灾结合"三大理念的融合，通过对建筑结构功能及性能的优化设计，提升建筑韧性，增强城市抵御灾害，减轻灾害损失，并合理地调配资源以从灾害中快速恢复的能力。

3.1.4　适应人口红利转变需要建筑业科技创新

我国人口数量统计数据显示，我国人口于 2021 年达到中度老龄化社会标准 [①]（65 岁以上人口占比 14.2%），于 2022 年首次出现负增长。当前，我国人口数量处于倒退趋势，且面临快速老龄化的问题，这一问题将导致适龄劳动力数量锐减。换句话说，我国人口数量红利正逐步消退，如图 3-5 所示。

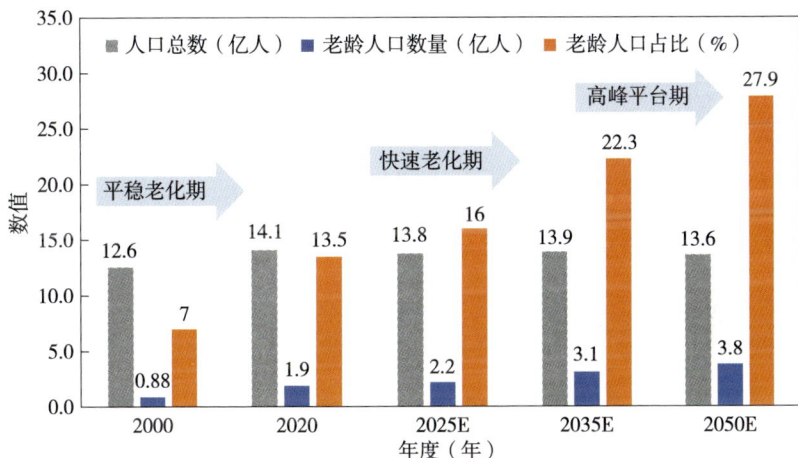

图 3-5　我国人口老龄化趋势
（注：横坐标中 E 代表预测值）

人口学历方面，全国第六次和第七次人口普查数据显示，十年间，我国大专及以上人口数量增长为 73.2%，我国人口学历高中及以上累计数量占比为 30.55%，高中及以上人口总占比增长 33.06%，我国劳动力受教育水平明显提高，人口质量红利日益凸显，见表 3-2。

---

① 根据联合国《人口学词典》，关于老龄化的划分标准，当一个国家 60 岁以上人口占总人口比重超过 10% 或 65 岁以上人口比重超过 7%，表示进入轻度老龄化社会；60 岁以上人口占总人口比重超过 20% 或 65 岁以上人口比重超过 14%，表示进入中度老龄化社会；60 岁以上人口占总人口比重超过 30% 或 65 岁以上人口比重超过 21%，表示进入重度老龄化社会。

我国每10万人高中及以上人口学历结构（单位：人/10万人） 表 3-2

项目	高中（含中专）	大专及以上	总占比（%）
第六次人口普查（2010）	14032	8930	22.96
第七次人口普查（2020）	15088	15467	30.55
增量（%）	7.5	73.2	33.06

　　国家统计局公布数据显示，2018—2022年我国进城务工人员总体数量在2.8亿~3亿人，数量上基本维持稳定且略有增长；从年龄结构看，16~20岁和21~30岁的青年进城务工人员比重明显减少，50岁以上比重明显增加，平均年龄由2018年的40.2岁增至2022年的42.3岁，老龄化趋势明显；进城务工人员学历结构方面，未上学、小学及初中学历数量逐步减少，高中、大专及以上学历数量稳步递增，进城务工人员受教育水平提高。进城务工人员年龄、学历变化趋势与我国人口总体发展相符，见表3-3。

　　近几年进城务工人员总体数量削减态势还未显现，但随着人口的快速老龄化，进城务工人员数量下降趋势不可逆转。传统建筑业多为劳动

进城务工人员数据统计 表 3-3

年度（年）		2018	2019	2020	2021	2022
数量（万人）		28836	29077	28560	29251	29562
年龄占比（%）	16~20岁	2.4	2	1.6	1.6	1.3
	21~30岁	25.2	23.1	21.1	19.6	18.5
	31~40岁	24.5	25.5	26.7	27	27.2
	41~50岁	25.5	24.8	24.2	24.5	23.8
	50岁以上	22.4	24.6	26.4	27.3	29.2
平均年龄（岁）		40.2	40.8	41.4	41.7	42.3
学历占比（%）	未上学	1.2	1.0	1.0	0.8	0.7
	小学	15.5	15.3	14.7	13.7	13.4
	初中	55.8	56	55.4	56	55.2
	高中	16.6	16.6	16.7	17.0	17.0
	大专及以上	10.9	11.1	12.2	12.6	13.7

强度大、安全风险高、环境条件差的岗位，受进城务工人员老龄化程度和受教育水平逐步提升的双重影响，传统建筑业岗位对进城务工人员的吸引力减弱。建筑业要适应我国人口红利由数量向质量的转变，充分发挥劳动力质量优越性，必须使用人需求由劳力向智力转变，这就要求建筑业大力推进现代化，以科技创新推动建筑工业化、机械化等智能建造技术发展：一方面，通过建筑工业化、机械化实现自动化、少人化生产建造，以应对未来劳动年龄人口比重逐渐下降的趋势；另一方面，通过建筑业科技创新提高建筑业劳动生产价值，使岗位由劳动密集型向专业技术型转变，以增加对劳动力市场的吸引力。

3.1.5　建筑业数字化转型需要科技创新

在工业 4.0 背景下，建筑行业提出"建造 4.0"，即"以工业 4.0 为蓝本，融合数字生态系统和信息物理系统，实现建筑业转型升级"，建筑业数字化转型已然成为推进行业高质量发展的重要支撑，是未来建筑领域发展的必然选择。为此，各大建筑企业积极部署数字化转型战略，如中国建筑的"136 工程"、中国交建的《中交集团"十四五"数字化发展规划》。数字经济将成为未来企业竞争的主战场，而数字化转型的推进则有利于促进数字技术与实体经济深度融合，有助于切实增强企业在数字经济中的竞争力、创新力、控制力、影响力、抗风险能力。

建筑业数字化转型是依托数字技术、信息技术、智能技术开展的建筑生产方式、管理模式的全面升级，途径是通过将新兴技术融入传统建筑产业，实现产业更高质量发展，科技创新始终贯穿数字化转型的全过程。其本质是通过数字化技术优化资源配置效率，其关键则在于信息贯通工程（管理数字化）和数智升级工程（生产数字化）两方面，如图 3-6 所示。实现管理数字化，无纸化办公、精细化管控是途径，大数据技术、互联网技术、智能分析决策技术是支撑；实现生产数字化，则应从设计过程数字化、生产设备 / 工程设备数字化、生产过程数字化、建材供应链数字化、管控

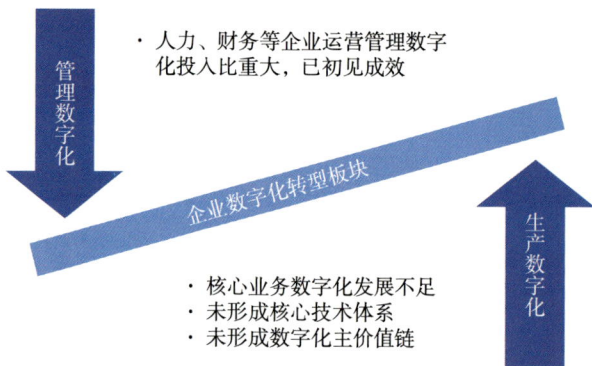

图 3-6 建筑企业数字化转型现状

过程数字化等方面开展技术攻关。从数字化技术应用看，建筑企业对人力、财务等企业运营管理数字化投入比重较大，管理数字化已初见成效；对于生产数字化，由于核心业务数字化发展不足，核心技术体系、数字化主价值链尚未形成。从数字化技术研究看，数据方面，对数据的生产、融合、分析技术的重视不足，对数据展示的关注过度；数据连接方面，存在严重的信息孤岛现象；算法方面，对数据应用的认识不足，导致数据算法研究受制，支撑工程实际的数据驱动力未能充分体现。

建筑业的数字化转型总体呈现投入大、收益小的现状，其根本原因在于数字化浮于表面，未深入探讨数字技术与工程建造系统的融合，未形成工程建造创新发展模式，数字化转型亟待科技创新支撑。与此同时，数字技术更新迭代日新月异，数字化转型时不我待，科技创新是建筑业数字化转型的核心推动力。

3.1.6 建筑业产业安全需要科技创新

习近平总书记 2020 年在《国家中长期经济社会发展战略若干重大问题》文件中强调，为保障我国产业安全和国家安全，要着力打造自主可控、安全可靠的产业链、供应链。产业安全事关国计民生，能够为经济安全提供重要支撑，产业控制力是产业安全的重要体现，产业控制力决定着产业定价权与财富流向，把握着产业进程和发展方向，是从根本上实现产业生存和发展安全的决定性因素，可以说，产业安全与否取决于国家产业控制力的强弱。建筑业是我国国民经济的支柱，也是中国走向国际的重要行业之一，建筑产业安全对我国经济发展和树立"中国建造"品牌国际地位具有重要作用。

我国建筑业经过多年的快速发展，已形成可观的产业规模，多年的工程实践积累了丰富的工程建设经验，掌握了各类复杂条件的工程技术。但我国建筑业整体技术水平和体系完备性仍存在一定欠缺，根本原因在于我国建筑业多年来的快速发展，是在国家以基建拉动经济的政策推动下促成的，建筑技术发展有一定的滞后性。随着我国经济形势转向高质量发展，建筑业从传统基建转向具有更高技术要求的新基建，建筑市场从国内逐步向国际延伸，我国建筑业自身的不足日益凸显，国际上中国建筑业大而不强的形象根植人心。根据全球建筑业国际品牌调研，我国建筑业在建筑企业、工程机械和建筑材料等品牌方面表现良好，产业规模和产业链优势明显，整体实力处于国际先进水平；在建筑理论、国际标准、建筑设计能力、基础软件等方面表现乏力，我国建筑业原始创新能力较弱，见表 3-4。

综合我国建筑业现状，可以看出我国建筑产业控制力仍处于中低层次，对如建筑标准、高端设计等高附加值环节的控制权不足，存在基础工具受制的现象，我国建筑业要实现产业控制力提升，保障产业安全，就必须在科技创新上大做文章，在基础理论、关键核心技术、先进前沿技术领域突破攻关，提升国际产业地位与竞争力。

3.1.7　重大工程建设需要科技创新

21 世纪是资源竞争的时代，随着陆地资源日益枯竭，开发太空、海洋、极地等领域资源已经成为强国建设的重要战略举措，国家由此构建了多项重大工程[31]。随着城市化进程的不断加深，跨海大桥、跨海隧道、

我国建筑业国际品牌现状 表 3-4

项目	品牌	中国品牌（个）	数据来源
十大建筑国际承包商品牌	GRUPO ACS、VINCI、中国交通建设集团、BOUYGUES、STRABAG SE、中国电力建设集团、中国建筑、SKANSKA AB、FERROVIAL	3	2022 年度全球最大 250 家国际承包商榜单
十大工程机械品牌	Caterpillar、Komatsu、徐工集团、John Deere、三一重工、Volvo、Liebherr、Hitachi、Sandvik、JCB	2	2023 年度全球工程机械制造商 50 强排行榜
十大建筑材料品牌	中国建材、圣戈班、安徽海螺水泥、豪瑞、老城堡、新疆天山水泥、北京金隅集团、海德堡水泥、LG 显示、康宁	4	2022 全球建筑材料上市公司综合实力排行榜 TOP100
十大建筑设计企业品牌	Gensler、Nikken Sekkei、Sweco、Aecom、Perkins Eastman、Haeahn Architecture、Heerim Architects & Planners、DLR Group、HKS	0	2023 年世界建筑设计公司 100 强榜单
主流建筑软件品牌（以 3D 建筑软件为例）	Graphisoft、BENTLEY SYSTEMS、FINE、GRAITEC、Dassault Systèmes SolidWorks、NEMETSCHEK、MIDASIT、IDAT、Autodesk、TEKLA、Tyco Residential	0	—
全球建筑标准（以绿色建筑为例）	英国 BREEAM（1990）、法国 HQE（1996）、美国 LEED（1998）、澳大利亚 NABERS（1999）、加拿大 GB Tool（2000）、日本 CASBEE（2002）、新加坡 GREEN MARK（2005）、德国 DGNB（2006）、中国绿色建筑标准（2006）	—	—

大型水利工程、超高层建筑、航运枢纽等超深、超长、超大、超高工程不断涌现。在资源开发、航空航天、海洋强国等重大工程的实施过程中，工程建设趋势是不断向严寒、海洋离岸、高辐射、高原、深空、极地等极端环境和地域拓展[32]。尽管工程结构建造技术取得了巨大进步，但极端的建造和使役环境给工程材料、工程机械、工程建造及运维等带来诸多挑战，面向超大工程及极端环境的工程材料、建造工艺、运营维护等仍存在诸多关键技术待突破。

在海洋领域，深海存在复杂的海水高压、局部热液、微生物多场耦合环境，给工程材料、工程建造、装备运行维护带来了新的问题。以悬浮隧道为例，该概念最早在 1886 年就被提出，但时至今日，悬浮隧道方面尚停留在理论研究阶段，缺乏真正意义上的工程实践。挪威公路交通局曾计划在比约纳峡湾建造世界第一条水下悬浮隧道，如图 3-7 和图 3-8 所示，但该项目最终放弃了悬浮隧道计划，改为使用浮桥。悬浮隧道的落地需要克服复杂的水压、水流和水中环境，因为一旦发生管道爆裂、水流突变等情况，将造成重大安全事故，安全冗余不足，未来实际应用需解决这些关键问题。

在极地苛刻环境下，材料的超低温、冰水混合、强辐照等综合作用严重威胁机械装备的服役安全，而我国有关极地环境下材料腐蚀磨损问

图 3-7　悬浮隧道设想图

（a）浮筒固定　　　　　　　　　（b）系绳固定

图 3-8　挪威公路交通局提出的两种水下悬浮隧道设计概念

题的研究几乎还未开展，已严重落后于美国、俄罗斯等国家[33]。在先进轨道交通领域的川藏铁路建设中，高海拔、高地震烈度、高地应力、高水压、高地温及断裂带活跃的复杂地质特征给工程地质调绘及勘察带来了极大难题，极其发育的山地灾害链、冰川活动灾害链以及板块构造缝合带、高烈度震区带来的特殊灾害使得高风险区段选线难度巨大；而长大坡道恶劣地质条件及高寒大温差、高湿、多风沙等复杂气候，对机械部件工作效率、使用寿命和工程结构的耐久性和可靠性提出了更高的要求；此外，高地温、高岩温灾害与控制难题，高海拔恶劣环境条件下防灾救援、强震及活动断裂带区隧道结构的减隔震，特殊不良地质环境下隧道施工，环境保护与弃渣综合利用等等，在高原铁路工程建造、环境保护、技术装备、运营维护和灾害防治等领域仍有大量难题亟须解决[34]。

极端环境下的工程建设涉及多个学科和研究领域，如关键基础材料创制、基础零部件及关键表面处理工艺开发、装备智能运维保障、极端环境下的新型工程结构设计与建造等，需要多学科的交叉融合科技创新，解决极端环境下工程材料、结构设计、建造装备、建造工艺及工程维保等难题。

3.2　未来技术发展方向

随着全球科技发展速度加快，新发展理念深入人心，政府和民众对工程项目的科技、环保、数字化、舒适性等要求越来越高。国家"十四五"规划也明确提出，统筹推进传统基础设施和新型基础设施建设，打造系统完备、高效实用、智能绿色、安全可靠的现代化基础设施体系。可以预见，建筑业将朝着完备、高效、智能、绿色、安全的方向发展。总体来看，建筑业的未来技术发展方向可总结为智能化、工业化、绿色化、人性化、韧性及新型结构，如表 3-5 和图 3-9 所示。

建筑业未来技术发展方向　　　　　　　　表 3-5

未来技术方向	未来应用技术	主要解决问题
智能化	新一代信息技术	降低劳动强度（无人化）
工业化	先进制造技术	提高建造效率（标准化）
绿色化	绿色材料、新能源技术	可持续发展
人性化	先进设计方法	美好生活需求
韧性	先进规划方法、设计理念	耐久性与安全问题
新型结构	新材料、新工艺	极端环境、更高、更大、更快

图 3-9　建筑业未来方向及相关应用技术

　　建筑业智能化涉及规划、勘察设计、施工、运维等建筑物全生命周期的智能化，融合新一代信息技术与工程建造技术，利用三维建模、GIS、多维 BIM 技术实现工程的数字孪生，利用工程物联网、工程大数据以及人工智能等技术实现工程建设与运维的全过程智能感知、全场景智能决策与全流程智能控制，对勘察设计、生产装配、工程施工、工程运维等工程建设全生命周期进行全方位赋能。智能建造是面向工程产品全生命期，实现泛在感知条件下建造生产水平提升和现场作业赋能的高级阶段；是工程立项策划、设计和施工技术管理的信息感知、传输、积累和系统化过程；是构建基于互联网的工程项目信息化管控平台，在既定的时空范围内通过功能互补的机器人完成各种工艺操作，实现人工智能与建造要求深度融合的一种建造方式[35]。建筑业智能化借助信息技术有助于显著提高建造和运营过程的效率，最终实现节能环保、效率提高、品质提升。

新型建筑工业化通常被认为是在新一轮科技革命的驱动引领下，引入先进制造业的生产方式，依托预制化生产、装配式施工的建设模式，在建筑全生命周期将集成化标准设计、模块化部件生产和精益化机械施工作为主要手段，整合贯穿开发、设计、生产和施工等全过程的价值链、企业链、创新供需链和空间链，提升建设效率与建筑质量，实现工程项目建设高效益、低能耗、低排放[36]。新型建筑工业化的实现，可通过研究各专业之间的协同设计关键技术，实现各子系统之间的系统性装配；研究建立部品尺寸模数化、结构构件标准化，以利于工厂规模化生产和现场高效化装配；利用现代工艺制造技术，研究建立具备智能生产线、柔性生产线的智能工厂，实现加工制作自动化；研发应用智能机械设备、建筑机器人等，实现现场安装装备化，提高施工效率及安全性。

建筑业绿色化要沿建筑业全产业链进行绿色低碳变革，包括建筑设计 – 建造 – 运营环节的低碳，涵盖新型建材与设备、工程施工与运维、建筑回收利用等环节，以最大限度减少资源投入量，实现绿色建造的完整生产，促进可持续发展。建筑业绿色发展的目标是实现建筑业"碳达峰、碳中和"。建筑业要实现"双碳"目标，就要解决能源供给侧的源头控制、能源消费侧的过程控制和排放侧的终端处理，包括建筑业的能源供应低碳技术、低碳结构设计技术、低碳工艺技术、低碳材料技术、低碳设备技术、能源使用低碳技术、固碳技术和资源回收利用技术。

公共基础设施人性化。在以人民为中心、追求高质量发展的新时代背景下，基础设施系统不仅要满足低消耗、低排放、低污染和高效能等可持续发展要求，还要回归以人为本、以满足人的实际需求为先、兼顾社会公平问题[37]。人性化设计主要为社会服务、为公众服务，应跨越种族歧视、性别歧视；应重视资源的利用效率，实现可持续发展；应重视人文精神与文化价值，将功能与美学结合，深层次挖掘用户的内在精神和情感需求，以满足公众对美好生活的需求。在数字化时代，人性化设计应发展先进的设计方法，将信息化、数字化技术充分融入设计中，不仅要具备便捷、安全可靠的功能，还能提供更加人性化、智能化、个性化的服务，公共基础设施不再以固定的模式以及单一的功能呈现，而是能够满足人类的不同需求，提供全面化服务，提升品质与效率[38]。

土木基础设施韧性。土木基础设施在其服役周期内可能面临突发的或短暂的灾害性作用，如面临地震、强风、火灾、爆炸等情形时，其性能可能发生突变甚至完全丧失。同时，在长期环境作用下建筑物的性能还会因材料劣化、钢筋/钢材锈蚀等影响而逐渐退化。环境作用和灾害作用的耦合又会加剧建筑物性能恢复和提升的难度。因此，迫切需要通过科技创新大幅提高土木基础设施的韧性，即提高其主动防止灾害发生、减轻灾害损失和迅速恢复灾后使用功能的能力。基础设施韧性包含了抗力韧性和恢复韧性两方面含义，在规划设计阶段依靠先进规划方法和设计理念减少突发扰动破坏下灾害要素的释放，实现战略选址、类型配置、韧性评估、路线设计、功能程序等的优化；在运营阶段，利用信息化、智能化技术构建灵活的资源整合能力与应急规划，提升灾后迅速恢复的能力[39-41]。

新型结构。随着人类社会的发展，人们对工程设施的建设效率、质量、安全、舒适、美观等要求越来越高，工程结构将朝着更高、更大、更快演变，并将催生结构性能更完善、建设效率更高、外形更加美观的新型工程结构；与此同时，随着人类活动空间不断拓展，工程建设面临的环境也愈加复杂，如海洋建造、太空建造、沙漠建造、高海拔区域建造、极深地下空间建造、高危环境建造等，因此新型工程结构还需适应各类极端环境。历史经验表明，新型工程结构的发展离不开工程材料及工程建造技术的进步，工程结构的进步必须通过工程材料及工程建造技术的不断突破来推动。

3.3 未来产业机会

3.3.1 建筑传感器

（1）应用场景

传感器作为物联网产业领域最底层、最前沿的技术，广泛应用于各种复杂的工程系统。对于建筑业而言，建筑传感器的应用深度和广度也不断拓展，成为智能建造产业发展中最为关键的技术之一。目前，建筑传感器多应用于结构及环境监测中，结构监测包括应力应变监测、沉降监测、挠度监测、裂缝监测、倾角倾斜监测等，如图3-10所示；环境监测包括水环境监测、土壤环境监测、建筑噪声监测、大气环境监测、温湿度监测等。另外，在工程项目的施工期，传感器主要应用于机器控制、施工现场监管、车队管理以及可穿戴设备等；在工程项目的运维期，传感器主要应用在大型公共建筑的安全监测、设备运行状态监测、能耗监测等。

随着全球智能化浪潮的推进，建筑传感器将在智慧医院、智能城市、智慧交通、智能工厂、穿戴装置等领域不断优化升级，不断催生新产业新业态，带动智能产业发展壮大，如图3-11所示。

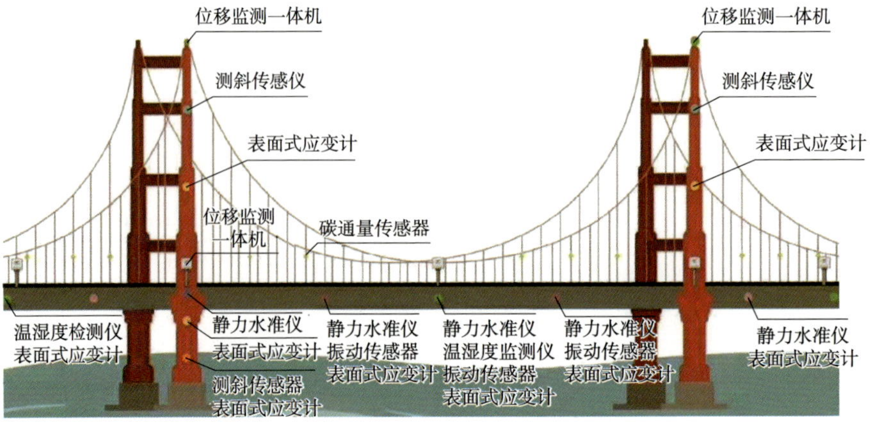

图3-10 传感器在桥梁健康监测中的应用

图 3-11　传感器在建筑业及相关产业的应用场景

（2）市场情况

据数据统计[①]，2023 年，全球传感器规模达到 13671 亿元，同比增长 7.7%。其中，中国传感器产业发展迅速，市场规模达到 3645 亿元左右，主要得益于中国在工业自动化、智能家居、智能交通以及智慧城市等领域的广泛应用和技术创新。预计 2026 年底，中国传感器行业市场规模将达 5547 亿元，如图 3-12 所示。不止于此，与传感器直接相关的各种下游产业，如物联网、数字经济、工业自动化、机器人等产业，传感器撬动着中国制造 30 多万亿元的产值。建筑传感器作为采集建筑物或大型机械结构、环境数据的终端设备，在智能建造产业中处于核心地位，其市场规模也将因应用范围扩大而持续增加。

（3）产业发展

全球传感器产业发展迅速，但目前我国传感器产业发展仍然存在"卡脖子"问题。据数据统计[②]，目前国外传感器产品种类已超过 20000 种，而

---

① 资料来源：赛迪前瞻产业研究院。
② 资料来源：中国传感器交易网。

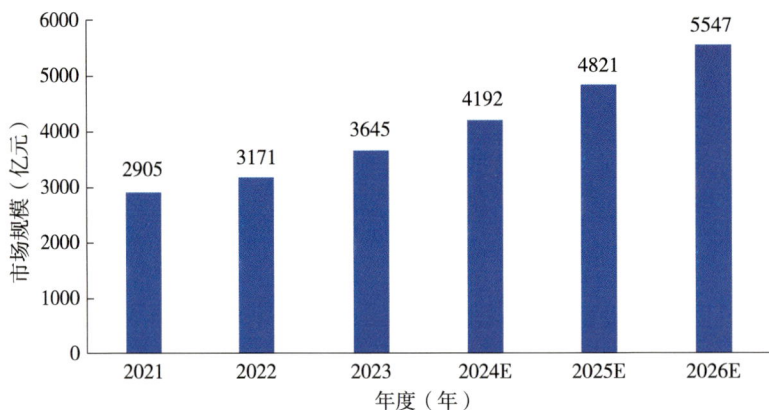

图 3-12　2021—2026 年中国传感器市场规模
（注：横坐标中 E 代表预测值）

我国仅能生产约 6000 种，产品种类为国外的 30%~40%，无法满足国内市场需求；高端传感器进口占比达到 80%，传感器芯片进口更是高达 90%，国产化缺口巨大，且短期内这种情况将继续存在。因传感器企业上游大多缺乏"造芯"能力，中下游存在"用传感器的不知道传感器制造过程，造传感器的不知道具体应用"的问题，导致传感器产业缺乏核心技术，就整体行业和产品链而言，我国的传感器产业仍然属于中下游水平。一旦被供应链上游国家或企业限制高端产品或芯片进口，将产生供应链危机。例如，2019 年美国就开始对我国多家科技公司实施制裁，导致企业因为芯片供给紧张，出现产能供给、交付时间无法保障等情况。因此，在保持产品核心竞争力上，通过关键技术突破进一步提升高端传感器的供给能力是当下国内传感器企业想要走在国际前列的必由之路。

（4）企业竞争

目前我国传感器制造行业以中小企业或私企为主，呈现"散、小、低、弱、缺芯"等现状，产品单一，产业布局不全面，且国内传感器知名厂商多为私企，如基础设施建设领域传感器知名厂商——基康仪器、海康威视、深圳北斗云、大华科技和东华测试等，除海康威视外，其余四家均为私企。

（5）产业研判

我国建筑传感产业总体处于成长初期阶段，技术发展空间广阔，市场机会巨大。未来，随着物联网技术的不断发展及建筑业产业结构的智能化、绿色化升级，中国建筑传感器行业将朝着智能化、高性能、多功能、低成本、高精度、小型化、集成化和环保等方向不断突破。

3.3.2　智能工厂

（1）应用场景

随着智能制造在全球范围快速兴起，智能工厂产业已成为传统制造企业转型升级的主要突破方向，可助力企业实现大规模定制化生产、柔性生产，并将生产过程信息化，帮助企业提质增效。建筑业的生产施工环节，工程机械、建筑材料以及部品部件的智能制造都离不开智能工厂。在工程机械制造中，从"工艺""生产""物流"和"服务"四个维度构建智能工厂，实现设备数字化、通信网络化、管理信息化、工厂可视化、终端移动化。不仅能够提升工程有效产出，降低成本，而且能够实现工程信息"一眼看全、一眼看透、一眼看穿"；在建筑材料生产制造中，通过材料流、产品流以及信息流实现从原料进场—分类—下料计算—分配—加工—成品码放—最后成品运输的产品开发、生产以及物流运输的集成，从而构建高度复杂又极为高效的生产运营产品线，成品通过智能配送系统和物流平台精准配送至项目；在部品部件生产制造中，建设预制构件、智能门窗、保温结构一体化、光伏建筑一体化（BIPV）等部品部件智能生产线，打造部品部件少人、无人化生产车间，提升部品部件供给能力和产品质量。部品部件智能工厂生产线应包括 PC 生产线、异形构件生产线、楼梯生产线、生产管理集中控制室、钢筋加工生产线、全自动挤压轻质墙板生产线等，如图 3-13 所示。

（2）市场情况

在我国人口红利消退背景下，智能工厂的需求确定性不断增强。

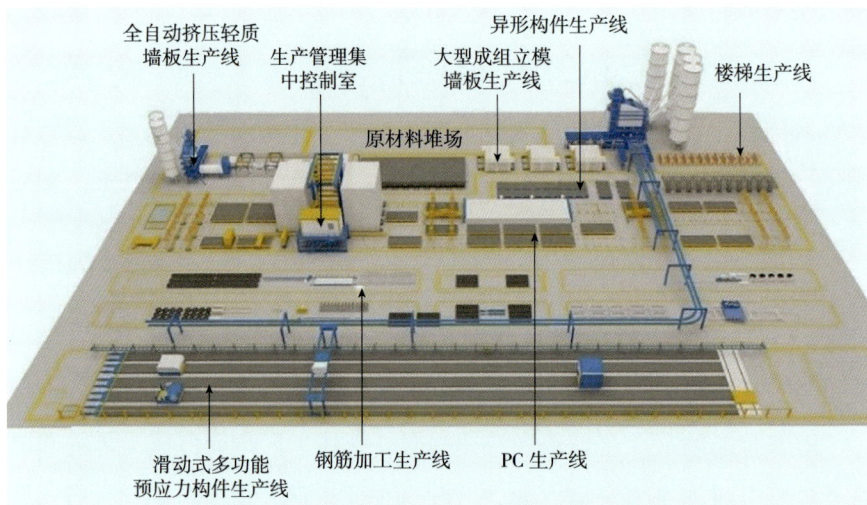

图 3-13　建筑业智能工厂（部品部件）生产线

2021 年，工信部发布《"十四五"智能制造发展规划》提出：到 2025 年，建设 2000 个以上新技术应用智能场景、1000 个以上智能车间、100 个以上引领行业发展的标杆智能工厂，重点行业骨干企业初步实现智能转型；到 2035 年，智能工厂规模以上制造业企业全面普及数字化。据数据统计①，我国智能工厂市场规模在 2020 年达 8560 亿元，预计到 2025 年，中国智能工厂行业市场规模有望超 1.4 万亿元，年均增速保持在 10% 以上，如图 3-14 所示。目前，智能工厂建设应用主要集中在汽车、3C 电子、金属制造、材料制造等领域，在建筑领域的渗透率较低，未来建筑智能工厂市场规模将随着智能建造的深化应用而持续增加。

（3）产业发展

智能工厂建设普遍存在以下问题：由于缺少系统性规划，许多工厂都是"头疼医头，脚疼医脚"，以单点业务优化为核心，没有将整个链条的数据打通。很多企业不仅存在诸多信息孤岛，也存在很多自动化孤岛，看起来自动化程度非常高，但信息化几乎为零。在这种状况下，制造企

---

① 资料来源：中商产业研究院整理。

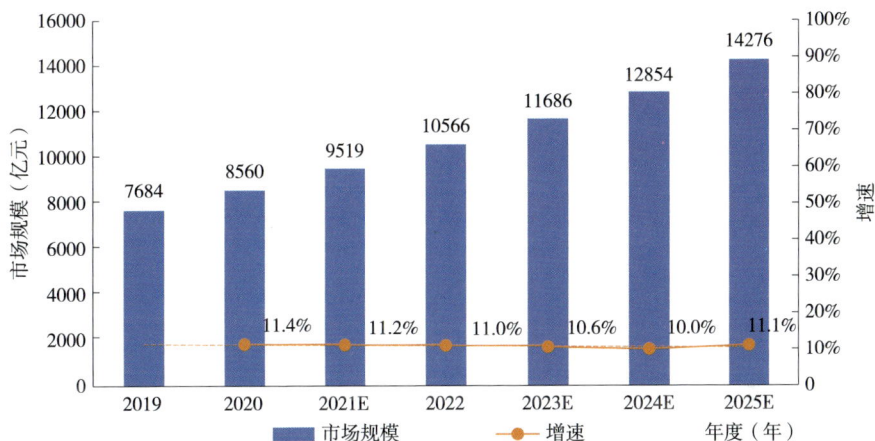

图 3-14　2019—2025 年我国智能工厂行业市场规模、增速及预测
（注：横坐标中 E 代表预测值）

业根据业务需求进行单点优化，造成企业零散投资，取得的实效不明显。目前，智能工厂建设的市场企业数量越来越多，市场面临着供给与需求的不对称，智能工厂建设行业面临着进一步洗牌的风险，在一些智能工厂建设的细分市场仍有较大的发展空间，在建筑业产业中的应用还有待进一步拓展，对于头部企业蕴含着巨大商机。

（4）企业竞争

我国建筑制造企业的智能工厂建设集中于工程机械、建筑材料和部品部件等领域的生产。在工程机械和建筑材料领域，头部建筑央企具备一定基础和实力，如中铁工业已打造盾构机、工程机械等智能制造示范工厂 11 个，中国建材的玻璃纤维、水泥生产等智能工厂入选 2022 年度智能制造示范工厂；在部品部件领域，将企业依据预制构件智能化生产线相关专利数量进行排名，前五名均为私企，包括美好装饰、筑友集团、北京好运达、三一筑工、远大住工。

（5）产业研判

目前智能工厂在建筑领域处于起步阶段，智能工厂建设市场发展蕴含巨大机遇。未来智能工厂的建设，信息化技术将成为核心竞争力，发力方向主要为建设智能（柔性）生产线，以及对应产品的生产、管理和供销一体化平台。

3.3.3 智能特种工程装备

（1）应用场景

工程项目的大型化必然带来工程机械设备的大型化，大型工程机械普遍呈现科技含量高、研制与生产周期较长、投资大、市场容量有限等特点。近年来，铁路公路、城市轨道交通、水利水电、抽水蓄能、市政、能源煤矿、综合管廊及国防特种等领域的大型工程不断涌现，这些大型项目不仅对工程机械的吨位、体积等方面要求越来越高，在产品性能、智能化等方面的需求也持续攀升。智能特种工程装备正是大型智能化工程机械设备的进阶产品，常见的智能特种工程装备有盾构机、架桥机、衬砌台车、铺轨机等产品。

（2）市场情况

以盾构机为例，据中国工程机械工业协会数据显示，2022 年中国盾构机市场规模约为 276 亿元，同比增长 14.05%；据国内机构预测，预计2024 年底市场空间达到 400 亿元 ①，如图 3-15 所示。

（3）产业发展

以盾构机为例，目前国内企业具有自主开发、设计、制造、成套及施工的能力和水平，盾构机产业正逐步实现自主化、本土化、产业化、市场化。以大直径盾构机（10m ≤ d<14m，d 为盾构机刀盘直径）为例，我国大直径盾构机目前已基本实现了国产化，且出口多个国家和地区，是盾构机制造大国和使用大国。据统计，截至 2021 年底，在我国所有开工修建的大直径盾构隧道项目中，2016 年以后国产大直径盾构机参建的项目占 85% 以上 [42]；其中海瑞克制造的盾构机参建项目数量虽最多，但

---

① 数据来源：华经产业研究院。

图 3-15　中国盾构机行业市场规模
（注：横坐标中 E 代表预测值）

多用于 2015 年之前开工的工程，中铁装备制造的盾构机参建项目数量位居第二；而超大直径盾构隧道（$d \geqslant 14m$），国产盾构机占比 44%，如图 3-16 所示，主要原因在于 2008 年之前大直径盾构机主要依赖进口，2015 年后国产大直径盾构机市场占有率大幅度提高。2015 年，由中铁装备和铁建重工分别研制的 2 台 8m 级敞开式岩石隧道掘进机成功下线，应

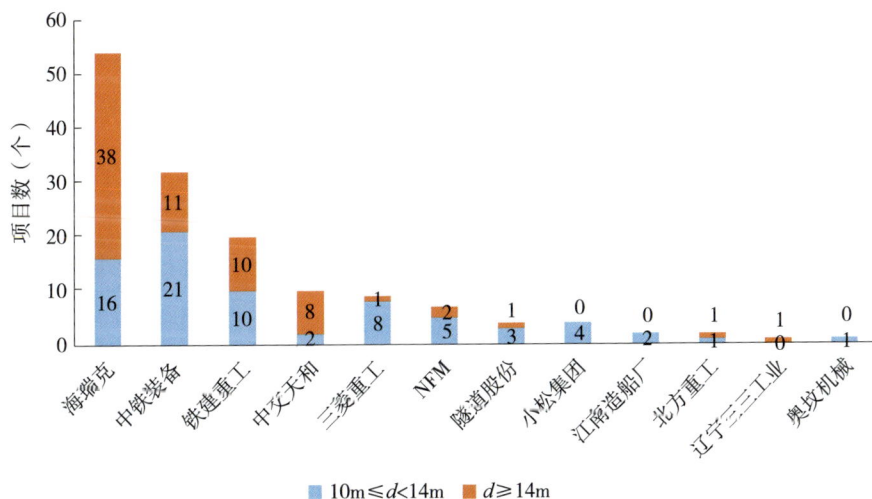

图 3-16　国内大直径隧道工程盾构制造厂商分布

图 3-17　拥有自主知识产权的国产首台大直径敞开式岩石隧道掘进机

用于吉林引松供水工程，如图 3-17 所示，标志着中国隧道掘进机具有了完全自主知识产权[43]。

　　未来，以东南亚、南亚、南美、非洲为主的掘进机市场潜力很大，逐步打入欧美澳等发达地区的可能性也很大。对于超大直径盾构机（直径 12m 以上），绝大部分为单一工程，存在规格标准不一，不能重复使用，闲置量较大造成浪费，且改造费用高，设备占用资金较大等问题，未来市场空间不大。近年来，大直径盾构机在重点工程建设领域应用广泛，然而盾构设计软件系统仍受制于国外，未来有待进一步突破"卡脖子"关键问题，以拓展更大的市场空间。此外，根据国家大力推进城市市政管线改造、综合管廊及海绵城市建设等相关产业政策导向，未来适用于长距离掘进（大于 2km）、大深埋施工的小直径盾构机在各类市政管线及综合管廊工程施工中的推广应用前景将十分广阔[44]。

　　（4）企业竞争

　　以盾构机为例，全球盾构机行业呈现出头部企业集中度高、中小企业分散度高的特点。从全球企业竞争来看，头部企业具有较强的技术创新能力和市场竞争力，占据了全球盾构机市场 80% 以上的份额，如中铁工业、铁建重工、隧道股份、海瑞克等；中小企业主要依靠低价竞争和区域优势，占据了全球盾构机市场 20% 的份额，如川崎重工、三菱重工、TERRATEC 等。可以看出，智能特种工程装备的市场竞争主要集中在少数几家头部企业，如盾构机制造商中铁工业、铁建重工、三一重工、隧道股份、山河智能等；衬砌台车制造商铁建重工、青科重工、中铁隧道局等；架桥机、铺轨机制造商中铁科工、中铁五院、盛华源集团等。因此，头部央企在大型特种工程装备上具备生产、研发和应用基础，故该类产品的制造商属头部央企，具备先天优势。

（5）产业研判

特种工程设备不同于一般工程机械设备，其制造和研发多集中在头部企业。在新一轮科技革命和产业变革中，智能特种机械装备渐已成为新技术发展推动下的风口产业，具备技术基础、研发基础的头部央企具备先天优势，在开发型号、种类、应用场景等方面都还有相当大的拓展空间。

3.3.4　建筑机器人

（1）应用场景

建筑机器人是将机器人技术和建筑业进行交叉融合而产生的新领域，其应用范围涉及工程建造全生命周期各个阶段。在勘测设计阶段，建筑机器人可开展勘察、测绘工作；在生产制造阶段，建筑机器人在工厂内实施搬运、喷涂、检测、养护等工作；在工程施工阶段，建筑机器人代替或辅助人工作业，开展主体工程施工、搬运、装修、监控等工作；在工程运维阶段，建筑机器人可开展智能巡检、检修等工作。建筑机器人相关应用场景，如图 3-18 所示。

利用建筑机器人协助或代替人工作业，具有显著的效益优势。建筑机器人将建筑工人从繁重、危险的工作环境中解脱出来，提升施工安全性；采用建筑机器人代替人工施工，通过合理规划和精细化作业，可大

勘测设计	自主导航	测量	勘探	钻探	......
生产制造	搬运	喷涂	检测	养护	......
工程施工	施工作业	物料搬运	现场监控	安装	......
工程运维	巡检	维修	清洁	工程保障	......

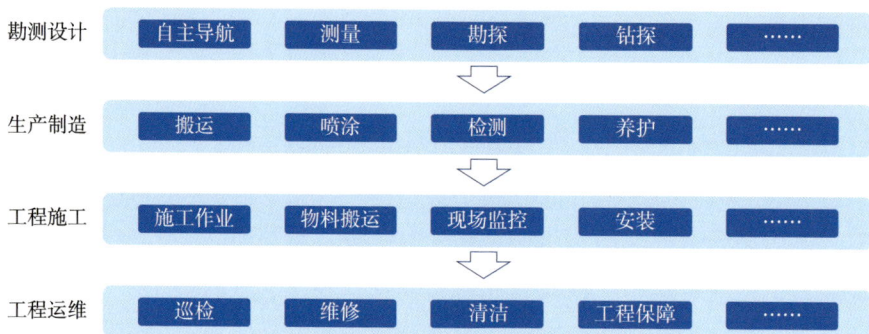

图 3-18　建筑机器人相关应用场景

幅减少原材料浪费，有利于降低成本；借助于建筑机器人，使建筑活动扩展到水下、化学或核辐射污染、高温、高压等人所不适的新场所和新领域，可带来巨大的经济效益。基于上述优势，建筑机器人相关的研究及应用越来越受关注，一些建筑企业已开展了建筑机器人相关的系统性研发与应用，部分已投入产业化应用。

（2）市场情况

据统计[①]，2023 年全球建筑机器人的市场规模为 3.32 亿美元，到 2028 年全球的建筑机器人市场将达到 6.82 亿美元，如图 3-19 所示。相对全球市场而言，中国建筑机器人发展起步较晚。有机构初步核算，2023 年，中国建筑机器人市场规模约 8.3 亿元[②]。

（3）产业发展

发达国家较早涉足建筑机器人的研发及产业化，其中，西方国家以美国、德国、澳大利亚、法国、瑞典为代表，亚洲以日本、新加坡为代表。

美国 Construction Robotics 公司的 SAM100 砌砖机器人采用半自动化工作模式，是世界上第一款真正投入现场砌筑工程的商用机器人，主要用于配合工人完成砌筑作业，减少了工人的砖料抓举作业，据统计，每台砌砖机器人可提高 3~5 倍的墙体砌筑效率，实现高效砌砖目的[45]。荷

---

① 数据来源：Report Linker。
② 数据来源：前瞻产业研究院。

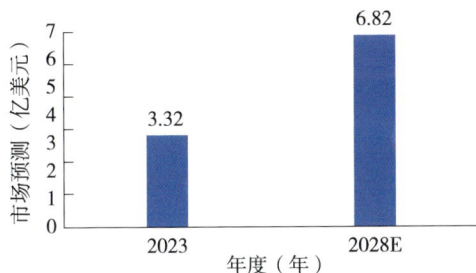

图 3-19　全球建筑机器人市场预测
（注：横坐标中 E 代表预测值）

兰研制了 Tiger-Stone 智能铺砖机器人，该机器人包括砂浆铺设、砖块运输、砖块排列、砖块放置、砖块平齐、缝隙填补及辅助等机构，不同机构在控制系统作用下可实现砂浆铺设以及砖块的运输、排列、放置和平齐等功能，工人只需按时往机器人装料口送入砖块即可，该铺砖机器人可适用于 2~15m 宽度路面的铺设，劳动效率提升 2 倍以上[46]。相关建筑机器人如图 3-20 所示。

　　日本大林组提出了基于三要素融合的"机器人建造"解决方案，如图 3-21 所示。即，①作业机械化，利用机器人取代此前由人完成的简单但危险的工作，如高空作业、隧道内作业、材料及设备搬运、现场勘察等，人可专注于先进的技术研发、施工管理及其他更具创造性的工作，以此提升建筑业的价值和吸引力。②机器操作少人化，开发可实时远程

　（a）SAM100 砌砖机器人　　　　　（b）Tiger-Stone 智能铺砖机器人
图 3-20　欧美机构研发的建筑机器人

图 3-21　日本大林组"机器人建造"
　　　　　解决方案

操控的自动化、自主化机器人，支持复杂的作业活动，技术人员无须亲临施工现场即可操作机器人，甚至负责多个建筑项目。③建造过程数字化，将施工现场的人、物、事等信息数字化，构建信息世界与物理世界同步的动态 CPS（信息物理系统），除 BIM/CIM 等数据外，动态 CPS 还包括在物理空间获取的点云数据及材料、设备和工人的位置数据等，并贯穿规划、设计、施工及运维等整个过程。基于动态 CPS，可运行各类应用程序，以提高施工生产管理效率及施工安全和质量。为此，日本大林组开发了物料自主运输系统、自动导向车（AGV）、建筑技能工作再现系统、三维测量机器人、大型装备自主操作系统以及 4D 施工管理、数字孪生应用程序等数字化管理系统等。如，物流系统通过连接控制 AGV 和电梯，无论楼层数如何，都可实现施工现场的材料自动运输，如图 3-22 所示。

近年来，我国的建筑机器人专利技术增长迅速，但大部分仍在研发期，并未进入商用领域或实现规模化量产，下游应用渗透率不及 1%[47]。机器人产业面临基础薄弱、原创能力不强的问题。尽管在国家政策的大力支持下，核心零部件的部分技术取得一定突破，但是在使用寿命、可靠性、降低噪声方面与国际先进水平仍有差距，关键技术和核心零部件受制于人的局面没有根本改变，缺乏对产业链的掌控能力[48]。目前，国内大部分建筑施工机器人为组装型产品，其智能化程度、施工精度和稳定性落后于国外产品[49]。

（4）企业竞争

建筑机器人上游核心零部件基本上都被欧美一些企业控制，比如日本三菱、安川、松下，德国西门子、博世，法国施耐德等；国内建筑机

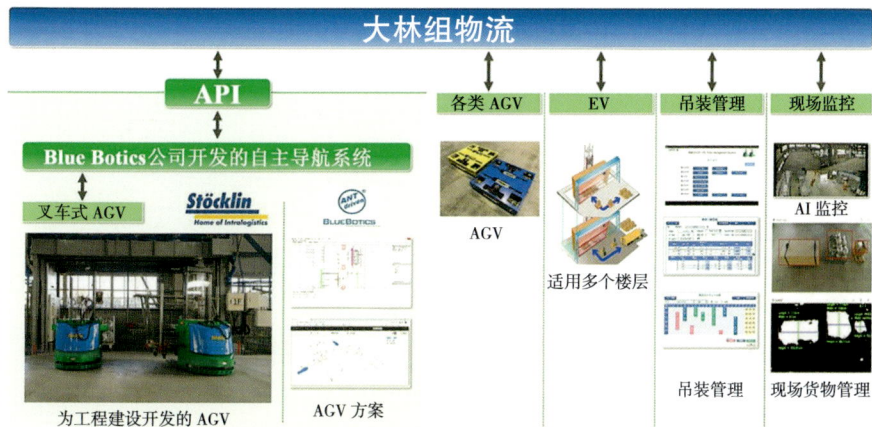

图 3-22　大林组物料自主运输系统

器人所需的高端数控系统基本上主要依靠进口，多来自德国西门子、日本发那科和三菱。根据公开信息调研情况，目前国内最大的建筑机器人为生产应用型——碧桂园旗下的博智林机器人，另有固建机器人、三一机器人、圭目机器人、中建科技机器人、上海大界机器人等较早布局建筑机器人产业的公司。目前国内从事建筑机器人研发和生产业务的企业不多，规模化产品较少，市场格局暂未形成[50]。

（5）产业研判

国产建筑机器人发展尚处于萌芽阶段，存在一系列的技术瓶颈，需要集中力量，加大投入进行攻关，其产业空间不可限量。建筑机器人的发展方向包括：一是人机协同，通过人机协同的方式提高生产力，改善工人的作业环境，降低从业者因重复劳动、负载重物、工作环境恶劣等罹患疾病的风险，其主要发展目的在于辅助和替代"危、繁、脏、重"施工作业。二是智能化发展，建筑机器人开发者将重点放在智能化技术的发展上，通过数据分析技术和人工智能技术来完善机器人在复杂任务处理中的能力，实现更高效地完成任务和智能化管理。三是融合技术发展，现代信息技术的融合让建筑机器人可以更加高效、快捷地完成任务，同时提高工程质量和可靠性。如视觉处理技术应用于机器人物体检测、危险检查和远程控制；

利用无线通信技术对建筑机器人进行远程操控，完成工程建设及构件修复；通过 BIM 技术对任务进行详细规划，可使通用机器人更加智能化。

3.3.5　产业数字化和数字产业化

（1）应用场景

数字经济时代，数字要素成为核心生产要素与推动经济发展的核心力量。建筑企业也应抓紧数字经济的浪潮，利用数字技术为建筑业赋能，通过产业数字化、数字产业化培育新动能。根据国家统计局发布的《数字经济及其核心产业统计分类（2021）》，数字经济产业分为数字产品制造业、数字产品服务业、数字技术应用业、数字要素驱动业、数字化效率提升等5 个大类。产业数字化指应用数字技术和数据资源为传统产业带来产出增加和效率提升，作为数字技术与实体经济的融合，其涵盖智慧农业、智能制造、智能交通、智慧物流、数字金融、数字商贸、数字社会、数字政府等数字化应用场景；数字产业化是指为产业数字化发展提供数字技术、产品、服务、基础设施和解决方案，以及完全依赖于数字技术、数据要素的各类经济活动，包括计算机通信和其他电子设备制造业、电信广播电视和卫星传输服务业、互联网和相关服务业、软件和信息技术服务业等。

（2）市场情况

据统计[①]，在产业数字化方面，2017—2022 年，我国产业数字化规模保持在 10% 以上的高速增长态势；至 2022 年，我国产业数字化规模达 41 万亿元，占 GDP 比重为 33.9%，占数字经济比重为 81.7%。产业数字化对数字经济增长主引擎作用更加凸显。数字产业化方面，2022 年，数字产业化增加值规模达 9.2 万亿元，增幅 10.3%，数字产业化占 GDP 比重达 7.6%，达到 2018 年以来的最大增幅，如图 3-23 所示[51]。以软件工程为例，全球市场工程软件（CAD、CAM、CAE、AEC 及 EDA）市场规

---

① 数据来源：中国信息通信研究院《中国数字经济发展研究报告（2023 年）》。

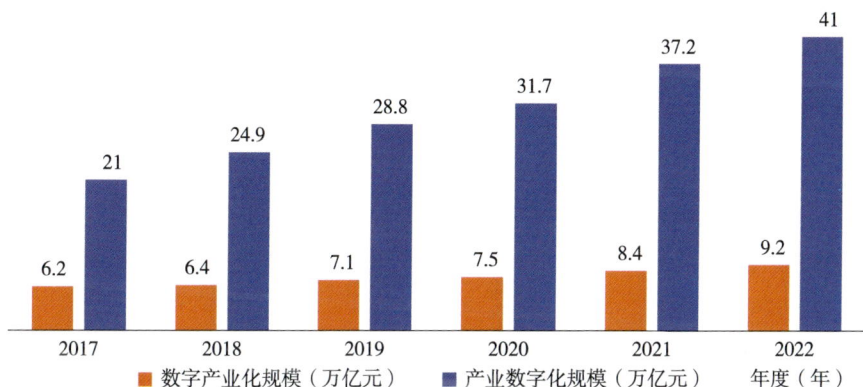

图 3-23　我国数字经济发展规模

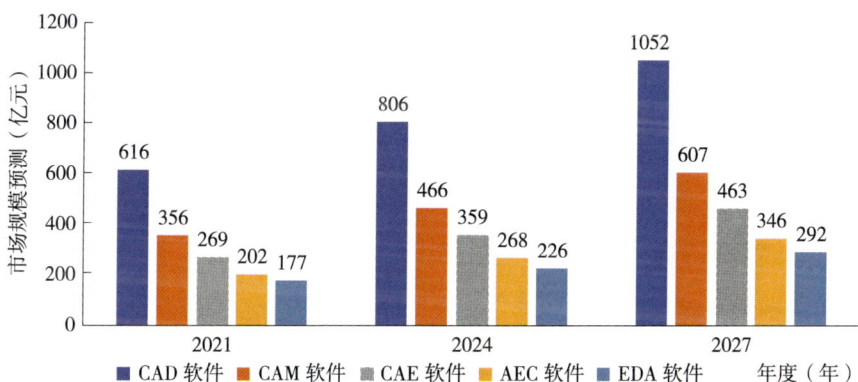

图 3-24　全球市场工程软件市场规模预测

模预测如图 3-24 所示①。数据成为最具时代特征的生产要素，蕴藏着巨大的市场机会，社会的数字产业化发展必然带动建筑业数字产业化规模迅速发展。

（3）产业发展

数字产业化为产业数字化提供了基础和支撑，我国建筑业借助信息化浪潮发展了产业数字化，但发展深度和广度仍不足，且数字产业化多应用国外或国内私企的数字产品或服务。就建筑业数字化程度，2017 年

---

① 数据来源：麦田创投产业研究院。

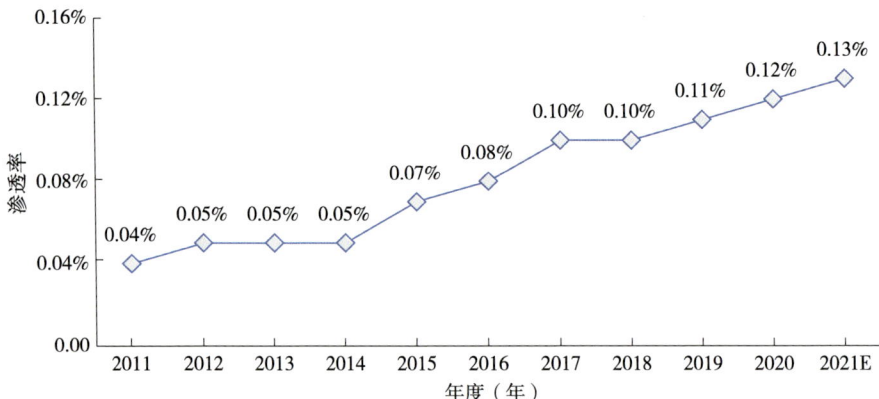

图 3-25　2011—2021 年我国建筑信息化行业渗透率情况

麦肯锡全球研究院发布的《数字时代的中国：打造具有全球竞争力的新经济》指出，中国建筑业是数字化程度最低的产业之一[52]。另据相关机构统计，2021 年，我国建筑信息化行业渗透率（建筑信息化投入占建筑总产值比重）约为 0.13%，如图 3-25 所示，远低于发达国家 1% 的平均水平，同时低于国际平均水平 0.30%①。

当前，我国建筑业产业数字化面临诸多问题，包括一系列"卡脖子"问题，如工程软件，接近 60% 的工程设计分析软件来自国外，超 50% 人员主要使用国外 BIM 建模软件；90% 的中高端传感器依赖进口等；技术水平提升问题，如工程大数据的采集尚未实现信息化、自动化，数据存储和分析也缺少标准化流程；关键技术如工程机械元器件、可编程逻辑控制器、电子控制单元、控制器局域网络等均落后于发达国家[53]；应用场景拓展问题，目前建筑业的数字化应用集成度不高，产业数字化生态也有待完善，如面向数字建造的供应链业务边界非常狭窄，主要集中于生产、施工等阶段，未能贯穿工程建造的全过程。

（4）企业竞争

目前，我国大型建筑央企的数字化应用除内部办公系统，基于业务的

---

① 数据来源：华经产业研究院。

各项生产、管理和运营系统外，还包括面向全网的招采平台，如中建的云筑网、中电建的招标与采购网、中铁的鲁班商务网等。即大型央企在数字经济上以产出增加和效率提升为目标，多集中在面向业务的应用系统开发和信息化解决方案提供，一是缺乏关键核心技术的突破和各技术之间的融合发展，使得智能建造领域技术尚未有革命性突破；二是缺乏工具型基础软件、数字化产品。也就是说，建筑企业在产业数字化上"实数融合"还需提升，数字产业化上应逐步形成具备自主知识产权的数字经济产品、技术、服务和解决方案。目前，我国已具备数字产业化基础的企业多依靠关联建筑公司、工程项目或创始人的科研成果等，迅速形成数字产业公司，但这些企业多为私企。如鲲鹏控股集团下属多家建筑工程公司，2008 年成立杭州筑龙信息技术股份有限公司，推出系列数字产品：建设通、众和软件、CBI 建设网等；如以工程算量软件起家的广联达科技股份有限公司，依托建筑业逐步形成产业生态，面向行业管理方、建设方、设计方、咨询方、施工方、建材厂商等产业链各参与方，提供以建设工程领域专业化应用为核心的系列软件产品和解决方案。可以说，发展建筑业的数字经济是最难的，也是最有价值的，同时也极具市场需求。

（5）产业研判

目前，国内企业在智能建造等"实数融合"方向的研发和应用还在不断深化；仅有少数建筑企业尝试开发建筑业数字技术、产品、服务、基础设施和解决方案，即建筑业的数字产业发展尚处于萌芽之中。建筑企业应积极拓宽加深产业数字化，并挖掘数字核心产业，拓展建筑业数字经济发展空间。

3.3.6　新型建筑材料

（1）应用场景

新型建筑材料以满足工程施工的高效、应用耐久、生态环保以及工程运维阶段的监测智能和高效修复为目标，不断催生新的应用场景。从新型建筑材料的发展方向上看，智能新材料、绿色材料和多功能超材料在建筑业具有较好的应用前景。

智能新材料是指材料本身具有自我诊断和预告失效、自我调节和自我修复的功能，并可继续使用的建筑材料，广泛应用于住宅、商业楼、筒仓烟道、桥梁、油气管道、水结构、工业结构和其他终端应用。以自清洁智能材料为例，该新型建筑材料可应用于隧道内壁、大型建筑的立面和屋顶等，如图 3-26 所示。韩国土木工程与建筑技术研究院（KICT）的研究人员开发了光催化混凝土，利用光催化反应将氮氧化物、硫氧化物等细颗粒物前体转化为无害物质，从而抑制细颗粒物的产生，以改善地下隧道的空气质量。杭州奥体中心亚运场馆外墙采用了光催化外墙，在太阳光的照射下能够快速分解建筑表面的污物，下雨时被分解的污物会被雨水冲刷掉，从而使建筑实现自清洁，保持外墙色泽。

（a）隧道内壁的光催化混凝土　　　　　（b）杭州奥体中心光催化外墙

图 3-26　自清洁智能材料的应用

绿色材料与传统建筑材料相比，不仅在隔声、防腐等方面具有显著优势，而且具备耐高温、耐腐蚀、易加工等优良特性，同时易于后期的维护与检修[54]，常应用于建筑防水、墙体块体、保温隔热。随着光伏建筑一体化技术（BIPV）及分布式光伏技术的发展和应用，光伏建筑材料可用于零碳建筑，如上海招商璀璨城市零碳展馆等。

　　多功能超材料是通过对结构的物理参数进行设计，使材料具有传统材料所不具备的超常物理性质，如可重构、机械可调、可软、可硬、可变形等，以满足工程项目应用的不同需求。如，美国匹兹堡大学的研究人员研发了一种具有能量采集和传感功能的复合超材料混凝土系统，该超材料混凝土结构内嵌了基于摩擦电纳米发电（TENG）的超摩擦材料机制，TENG 通过摩擦带电及静电感应输出电量，以响应外部机械激励，因此也可作为可自供电的力传感器。该材料的自供电传感功能可用于大型混凝土结构的分布式监测或地震监测，并减少对建筑物的影响；集成纳米发电功能的混凝土结构可作为与电动汽车通信的智能传感层；超材料混凝土可用作机场或道路的减震工程材料，有效吸收能量以减轻冲击影响，其应用场景如图 3-27 所示。

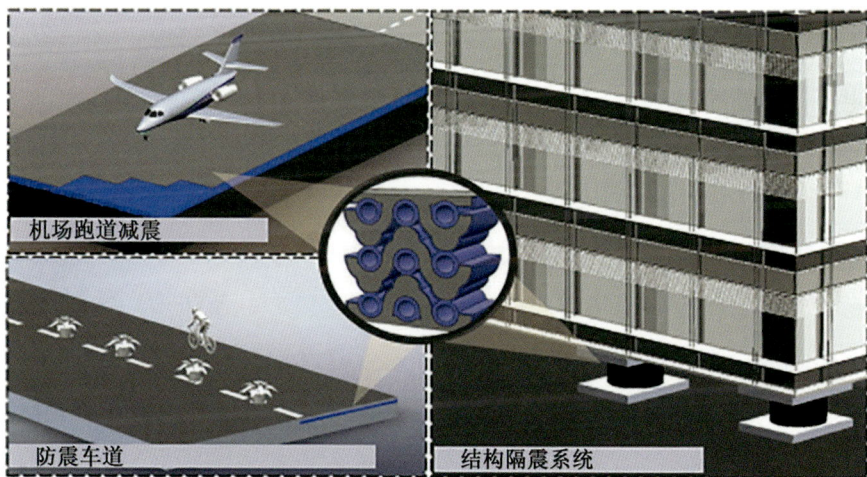

图 3-27　集成纳米发电功能的超材料混凝土应用前景

（2）市场情况

　　据数据统计[①]，2023 年全球建筑材料市场规模达到 13200.1 亿美元，亚太地区建筑材料市场规模为 6394 亿美元。全球建筑材料市场规模预计

---

① 数据来源：Fortune Business Insights。

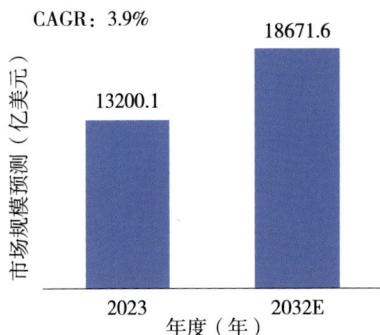

图 3-28　全球建筑材料市场规模预测
（注：横坐标中 E 代表预测值）

图 3-29　全球绿色建材市场预测
（注：横坐标中 E 代表预测值）

将从 2024 年的 13698.6 亿美元增长到 2032 年的 18671.6 亿美元，预测期间内的复合年均增速（CAGR）为 3.9%，如图 3-28 所示；其中，就绿色建材而言，2023 年全球绿色建材市场规模为 4222.7 亿美元，预计将从 2024 年的 4742.1 亿美元增长到 2032 年的 11995.2 亿美元，预测期内复合年均增速（CAGR）为 12.3%，如图 3-29 所示。

（3）产业发展

我国建材行业已成为门类齐全、规模庞大、体系完整、产品配套能力较强、具有明显国际竞争力的重要原材料和制品工业。主要建材产品水泥、平板玻璃、建筑卫生陶瓷、石材和墙体材料等产量多年居世界第一位，成为名副其实的建材生产和消费大国。与此同时，科技的发展也将为建筑材料行业的发展提供强有力的支撑，新型建筑材料的开发也将更加活跃，各种新型建材不断涌现，建材产品不断升级换代。其中，绿色建材的产业发展越来越受重视。2020 年 7 月，住房和城乡建设部、国家发展改革委等联合印发的《绿色建筑创建行动方案》明确提出，到 2022 年，城镇新建建筑中绿色建筑材料面积占比达到 70%。据统计，2018 年的绿色建筑行业市场规模已达到 1.5 万亿元，2019 年的市场规模达到了 1.68 万亿元，2020 年的市场规模达到了

1.85 万亿元 [①]。此外，国内基础设施建设市场逐渐步入存量时代。根据交通运输部发布的《2023 年交通运输行业发展统计公报》，2023 年末，建成运营的全国铁路营业里程达到 15.9 万 km，比 2013 年末增加了 5.6 万 km，其中高铁营业里程达到 4.5 万 km；公路里程达到 543.68 万 km，增加了 108.06 万 km；建成定期航班通航机场 259 个，增加了 69 个；同时，据国家统计局数据，中国城镇化率已达 66.16%。可以预见，未来，工程修复材料亦具有较大的市场前景。如自愈合混凝土对于宽度不大于 0.5mm 的裂缝（非载荷因素造成的裂缝大多属于该范围）能自主诊断和自我修复，其关键组分是自愈合剂，自愈合剂种类很多，目前部分已进入规模化生产 [55]，我国已建成年产 1000~2000t 的修复剂生产线。

（4）企业竞争

国内建筑材料龙头企业相对集中，有中国建材、海螺水泥、金隅集团、华新水泥、东方雨虹、濮耐股份、金晶集团等，这些企业市场占有率较高，企业规模日趋扩大，行业整体规模也在不断增长。在新材料领域，除中国建材、金隅集团等龙头企业外，很多民营企业、小微企业也正在发力布局，取得了产业化成果，如江苏苏博特、科之杰、三源特种建材，通过研发外加剂产品，在防水、修复材料、功能性建材等领域开发了多条产品线。

（5）产业研判

随着建筑材料技术的不断进步及工程维养市场的扩大，细分领域中，未来，在非主材、新型特种、工程维养等材料研发上仍有较大技术提升和市场增长空间。建筑企业需要围绕生产适应化、多功能化、绿色环保化、智能化等需求，通过技术创新建立行业壁垒，构筑核心竞争力，才能在建筑材料市场实现突围。

[①] 数据来源：市场调研在线网。

3.4 头部建筑企业科技创新主要问题

人类社会的绿色低碳发展、新一代信息技术和建筑业的融合，催生了大量新兴产业。头部建筑企业既有应对"卡脖子"技术的政治使命担当，又面临技术创新产业重塑的生存发展机遇。未来已来，技术创新带来的新的产业发展机会又一次出现在头部建筑企业面前。然而，尽管科技创新取得了诸多成果，但仍存在制约企业科技创新的问题。

影响科技创新赋能企业高质量发展不足，是因为在科技创新投入、组织、人才培养、激励、成果转化等方面仍存在不少问题，核心问题是科技创新投入和组织方面。

科技创新投入方面。一是研发投入强度不高。根据公开信息，主要建筑央企在 2018—2023 年的研发投入强度为 1.33%~3.81%，与国外建筑业 3%~5% 的研发投入强度相比存在一定差距，整体上处于低水平状态。二是实际投入不够。撒钱和"凑钱"多，实际投资少，无法通过资本力量聚集创新要素，导致企业创新组织软、散，部分研发实体不实，没有发挥作用。在协同创新方面，一般采取"甲乙双方、一个项目、一纸合同、一笔经费"模式，多以"短、平、快"的合作项目为主，这种局部、阶段性、浅层次的"企业出资、学校和科研院所出力"的合作方式无法解决科技经济"两张皮"问题。三是存在重复投入。头部建筑企业子分公司较多，大多数子分公司业务类型相同，相互之间存在竞争关系，由于缺乏顶层的协调机制，导致相同的科研项目在不同头部企业的不同子分公司重复立项，重复研发，重复投入，造成科研资源重复分散、科技创新低效，这也是与新型举国体制下的科技创新背道而驰的。

科技创新组织方面。一是体系运行松散。科技创新组织弱"中心化"，管理运行机制不完善，导致科创管理统筹能力不强、体系运行松散，主要表现在科技创新活动的目标导向不明确、科创人员之间沟通协调不够、科技创新资源不能有效聚集、利益分配机制不健全等。二是平台协同不够。"空壳化"现象严重，专职科研人员少，严重影响研发职能的正常发挥。在科研项目组织层面，大型科研项目除纵向层层传导外，横向分解严重，各子方向研究人员分散在不同单位，项目内部缺少有效的协同机制，协同不足，产学研用的技术创新链条尚未完全打通，难以形成高质量的科研成果。三是课题管理低效。首先，立项目的不纯，很多课题以获得各类奖项为目的，没有认识到科技创新的根本功能在于创造价值，科研本身蕴含商机。其次，科技创新没有真正"顶天""立地"，没有"顶天"就是缺少前瞻性、基础性的创新，技术创新没有"活"的源头。若无前瞻性的研究，很难实现高水平科技自立自强。没有"立地"即尚未形成真正的创新产业链条，仅仅停留在总结提炼创新成果的层面，却无法将成果转化为产品，无法形成产业化公司，进而拓展新的市场板块。最后，组织刚性不足，项目管理权责不清晰、不严格等，导致科研项目运行效率低下。

3.5　启示

对于头部建筑企业而言，在科技创新方面，首先应解决科技创新投入和组织问题。投入是科技创新的物质基础，没有有效的投入就没有有效的产出，若不能以科技投入为根本抓手，没有将其落实到具体的项目和任务上，便难以深入实现科技创新，难以产生价值，进而难以形成科技产出；科技创新组织是开展科技创新活动的管理基础，对于科技创新资源聚集、技术创新攻关活动、科技创新成果转化、创新环境营造、创新人才培养等发挥了重要作用，决定了科技创新活动的协同性和效率性。

第 4 章

头部建筑企业科技创新组织

先进的企业科研组织模式，能够有效整合和利用各种科研资源，激发企业的创新活力，提高科学技术研究的整体效益。企业的科技创新与组织创新要发挥协同作用，两个轮子一起转，才能发挥"1+1>2"的作用。当前，头部建筑企业现有的科技创新体系已不能满足"新型举国体制"下重大科技攻关的需求，需要通过优化科技创新组织机制聚集创新资源，优化科研项目管理模式，合理配置创新资源，实现创新效能的提升。

4.1 科技创新组织存在的主要问题

2020 年 9 月 11 日，科学家座谈会上，习近平总书记强调，要狠抓创新体系建设，进行优化组合，克服分散、低效、重复的弊端。要有一批帅才型科学家，发挥有效整合科研资源作用。要发挥企业技术创新主体作用，推动创新要素向企业集聚，促进产学研深度融合[56]。

当前多数头部建筑企业已建有涵盖产业链的科研、设计、制造、施工、运维各环节，在关键技术上联合攻关的科技创新体系，取得了三峡工程、港珠澳大桥的成功建造，以及国产盾构机的成功研发等举世瞩目的成绩。然而其科技创新更多是由下而上的推动模式，即生产一线根据工程难点、重点提出以解决问题为主的应用类科技研究需求，子分公司和集团对此类课题进行评审立项和管理，课题的产生是被动的、无计划的，没有根据行业和企业发展方向去完善科技创新体制机制、制订企业的科技创新战略，科技创新的前瞻性、规划性不足，难以满足当前新型举国体制对科技创新的要求。同时头部建筑企业的科技创新组织系统性较差，科技创新能效不高，科研平台分布在集团公司、子分公司；科技资源分散，内部资源整合力度不足，总的来看存在分散、重复、低效等问题。具体体现为：一是组织分散。集团公司没有很好发挥对科技创新决策作用、资源配置作用，其科技创新组织呈现弱"中心化"，统筹不足，科技创新资源不能聚集。集团公司下属各子分公司沟通合作机制不够健全，因各子分公司为了满足自身创新发展和解决生产面临的技术难题而成立"技术中心""研发中心"，以致"技术中心""研发中心"林立，功能重叠，互相协同较少，不乏"空壳化"现象。二是课题分散。各子分公司业务等同质化现象明显，在具体业务上存在共性的技术难题，导致同一个研究方向课题分散在不同单位进行，且各子分公司彼此缺少交流，难以规避重复研究。分散必然导致重复和低效，第一要务就是要解决创新资源分散的问题，根本途径就是要在组织上解决。在当前建筑业科技创新的新形势下，建筑企业尤其是头部建筑企业要承担关乎产业链安全稳定的关键技术攻关重任，就要形成"大格局，一盘棋"，有效整合优势研发资源，集中力量办大事，完善科技创新体系，优化科技创新组织模式。

4.2　科技创新组织顶层设计

（1）适应国家科技攻关组织模式变革

新中国成立以来，中国经历了由计划经济体制向社会主义市场经济体制的转轨过程，经济体制改革是不断培育市场主体力量、释放市场主体创新动能的过程。这一过程中，我国科技攻关组织模式也在不断演化，并形成了一条重要的逻辑主线：不断放大市场主体力量、调整政府作用方式。而随着市场经济体制改革的不断推进，市场主体的创新能力明显增强，"大众创业、万众创新"成为实施创新驱动发展战略、培育创新发展新动能的重要引擎。如今，越来越多中国企业开始步入国际竞争的前沿，如何更好发挥政府在科技攻关和科研组织中的作用被提上议事日程，同时，科技攻关的组织如何能够更好地集聚市场主体力量、发挥市场机制作用，使政府和市场有效结合，也成为一项新的历史命题[57]。

要形成以企业为主体、市场为导向、产学研用深度融合的技术创新体系，企业应是研发投入的主体，也应该是项目组织的主体，同时也是科技成果转化的主体。企业应正确把握出题者、答题者和阅卷者的角色定位，具体见表 4-1。出题者方面，政府是科技创新全局的组织者，是国家战略的制定者，布局基础研究和原始创新、战略高技术、国防科技、民生科技、高端产业等领域，引领国家战略科技力量开展科技研发；头部建筑企业应是国家战略科技力量的重要组成部分，在国家战略目标、战略任务的引领下，发挥了解市场需求、产业需求的优势，更多地参与对关键问题的凝练、定义，精准转化为科技创新需求，提出好问题、真问题，实现以需求引导创新，解决企业技术创新中的难题，提升企业的市场竞争力。答题者方面，高校院所服务于国家重大科技战略需求和企业竞争需求，主要开展基础研发和关键技术研发，久久为功，形成原始创新的策源地；头部建筑企业则主要开展应用型研究和科技成果转化等，与高校院所进行产学研用合作，实现创新链产业链资金链人才链深度融合，推进重大科技创新和关键技术的重大突破，以最快的速度和最大的力度将科学发现转化为生产力。阅卷者方面，国家的战略发展需求是否得到满足能直接检验高校院所与企业的研发成果，通过产学研联合攻关研发，发挥集中力量办大事的社会主义制度优势，推进国家重大工程的研发与技术突破，整体提升国家的科技水平，保障国家的战略安全；头部建筑企业具备研究成果价值判断的验证条件和市场环境，是新技术需求的最终应用者。企业要"阅好卷"，就要进一步畅通科研成果转化通道，进一步打造从实验室到产品到市场的通道，推动科技成果的规模化应用和价值转化，以市场检验科技成果。

出题者、答题者、阅卷者角色定位　　　　　　　　　　　表 4-1

角色	出题者	答题者	阅卷者
国家	国家战略需要	高校院所主要开展基础研究	是否满足了国家战略发展需求
企业	企业竞争需要	企业主要开展技术和产品研发	是否在市场竞争中创造了效益

（2）新型举国体制对企业科技创新的要求

科技管理体制改革是中国经济体制改革和国家治理体系现代化的一部分。新中国成立初期，我国实行高度集权的政治制度和高度集中的计划经济体制，在"一边倒"的外交政策影响下，党中央借鉴苏联模式，建立起集中、统一的科技管理体制，并于短时间内通过聚集优势资源开展国防工业技术攻关，充分发挥了社会主义制度集中力量办大事的制度优势[58]。但随着改革开放的不断推进和社会主义市场经济的深入发展，要创造更多物质财富以满足人民日益增长的生活需求，还应进一步解决民品市场的技术创新问题，而民品市场的多样性则决定了技术创新方向的多样性和复杂性。在此背景下，继续单靠传统计划体制组织科研资源，已远远不能满足生产多样化及产品多元化的需求，建立与社会主义市场经济体制相适应的科技管理体制也成为改革开放以来党的历次代表大会探讨的重点。尤其是党的十八大以来，国际形势持续深刻复杂演变，大国博弈日趋激烈，来自美国方面的技术封锁很大程度上改变了国内企业的国际技术环境和产业合作生态。关键核心技术的"卡脖子"问题成为产业发展面临的重大系统性风险，企业、产业乃至整个市场力量均难以抗衡，故进一步提升科技管理体制应对系统性风险的有效性、更好发挥政府作用助力中国自主技术突破，成为科技管理体制改革所必须解决的一大问题，而构建新型举国体制，则成为中国实现科技自立自强、突破重点领域关键核心技术的必要战略举措[57]。

新型举国体制不是"大一统"式的集中管理体制，而是充分尊重市场规律、发挥市场主体作用、战略性地集中优势力量的科研管理体制。在新型举国体制下，头部建筑企业发挥行业龙头企业核心地位和创新主体地位，将科技创新管理置于企业管理的重要战略位置，主动融入国家重大战略，服务产业转型升级，引领建筑业高质量发展。

（3）科技创新组织顶层设计总体思路

为适应国家科技攻关组织模式变革，满足新型举国体制对企业科技创新的要求，企业要在科研体系、创新平台和项目管理三个层面确保创新资源的聚集。

一是在科研体系上要保证创新资源的聚集。合理设计科技创新体系的层级，既要处理好中心化和专业化的问题，又要处理好创新的责任主体问题。科技创新的中心化一方面体现在公司总部层级要有统一的规划、管理和协调功能，另一方面体现在重大科技创新活动集中于少数中心或机构进行，并由这些中心或机构主导和引领企业科技发展。中心化可聚集大量的专业人才，形成人才密集的创新环境，集中大量的研发资金、设备、实验室等资源，提供良好的研发条件和支持，促进研究者之间的知识共享和合作。构建中心化的科技创新组织体系并不意味着建立企业"大一统"式的集中管理体制，中心化构建的是企业科技创新决策中心、战略中心、统筹中心，解决科技大型企业科技创新资源分散、重复的问题，实现有组织的科研。科技创新的专业化主要是指专业人才应用专业技能，深入专业领域的研究，推动企业某一领域科技创新，其注重对某一领域的深入研究，通过专业知识和技能的积累，实现更精准、高质量的科技创新。专业化能有效处理创新责任主体的问题，围绕一个"中心"，保持专业性，构建 N 个专业的机构推动细分领域的科技创新，推进科技成果的转化，释放科技创新组织效能。

二是在研发平台上要保证创新资源的聚集。构建"科技 + 金融 + 产业"一体化科技创新平台，解决创新平台实体化、规模化和功能不全的问题，实现创新链、资金链、产业链的融合。科技创新平台既汇聚内部创新力量，又保持与外部创新资源兼容，既保持科技创新的开放性，又更好地适应市场需求。通过统筹内外部创新资源，为基础研究向应用研究、应用研究向产业化技术转化，以及从小试到中试、再到规模化生产创造生态环境，助力头部建筑企业科技创新行稳致远。头部建筑企业需要将需求牵引、能力建设作为出发点和发力点，着力于资源协同，以资金保障为支撑点，加快打造高效能科技创新平台。

三是在科研项目组织上要保证创新资源的聚集。以重大科研项目为牵引，采用差异化的科研项目管理模式，合理运用课题组制，推广使用项目部制。当前企业在科研项目实施上遇到的很多问题，与科研项目组织模式使用不当有很大关系，目前建筑企业的科研项目组织模式大多采用课题组制。科研项目课题组制是通过一定的评审程序把研究资金分配给最值得资助的项目，课题组在获得科研任务后，大多临时组建科研攻关团队，对于这种"不得不完成的任务"，科研管理组织具有"短、平、快"的特点，能很好解决现场具体问题，但创新性不高、理论性不强、延续性不够，并不适用于重大产业化科研项目，因此，采用工程项目管理模式推动科研项目的工作思路进入科技管理者的视野。项目部制管理模式主要适用于项目边界确定性强的项目，而科研项目边界恰恰不具备这种确定性，因此无法直接运用传统项目管理模式，必须根据科技创新活动的特点，对其进行改进。总体来看，科学创新活动不确定性高，适合课题组制；技术创新活动不确定性相对较低，特别是在产品开发和市场应用阶段不确定性大大降低，适合项目部制。

4.3 企业科技创新组织体系优化

4.3.1 企业科技创新组织体系

企业以总体发展战略为蓝图，根据业务板块构成、技术创新战略等实际情况和需要，建立与之相适应的技术创新组织体系。参考相关研究对企业科技创新体系模式的分类，主要包括集中式、分散式和混合式三种模式[59]。

（1）集中式

集中式是指企业在总部层面单独设立技术研发板块，与其他业务板块平行[60]，共同由总部董事会直接管理的组织模式（图4-1）。其中，基础性、共享和前瞻性的技术研发主要由总部投入，应用性研究按照市场化原则与业务板块或项目需求方签订技术服务合约，费用由业务板块和项目公司承担。技术研发板块负责制定公司科技战略和发展规划、宏观管理和指导科研技术工作、统筹知识管理，实现技术集约共享，如图4-1

图 4-1 企业科技创新集中式组织体系

所示。集中式有利于公司统一管理技术创新资源、集中开展技术攻关，研发成果服务于公司所有业务部门[61]。但是其科技创新脱离业务，脱离现场需求。

以巴西国家石油公司为例，其科技创新组织体系管理模式为集中式，技术创新工作主要由研发中心 CENPES 承担，负责公司上下游业务、天然气和新能源等业务领域的研发与技术支持[62]。CENPES 拥有 147 个实验室、上千名员工，其中 80% 从事研发工作，半数以上拥有硕士、博士学位，平均每年开展 1200 项研发项目、20 项基础工程项目、1800 多项技术支持服务，如图 4-2 所示。

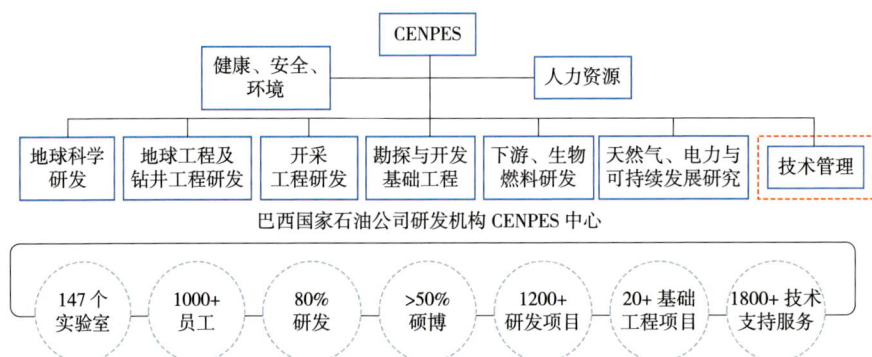

图 4-2 巴西国家石油公司科技创新组织体系

（2）分散式

分散式是指企业在不同的业务板块下均成立研发中心，由各业务板块进行管理，围绕业务需求，开展相应的技术规划、开发、应用、推广培训及支持等工作，如图 4-3 所示。在分散式组织管理模式下，隶属于各业务板块的研发中心与业务结合较为紧密，基于业务需求的科研成果能更及时地应用[59]。然而，从企业层面来看，由于科技创新活动分散于多个独立的业务线中，故将导致科技创新资源利用率低、成果共享程度低的问题。目前国内大多数头部建筑企业采用分散式管理模式。

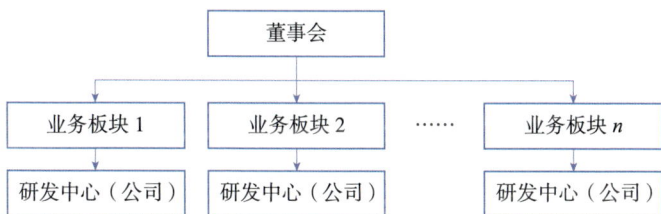

图 4-3　企业科技创新分散式组织体系

（3）混合式

混合式是指在企业总部层面和业务板块内部均设立研发机构，前者从事超前的、基础性、共性技术研发，后者负责区域性技术开发、推广培训以及支持服务，兼具集中式和分散式的特征，如图 4-4 所示。混合式管理模式有利于在不同层次提升公司的技术研发能力，各有侧重，相互协调[59]。

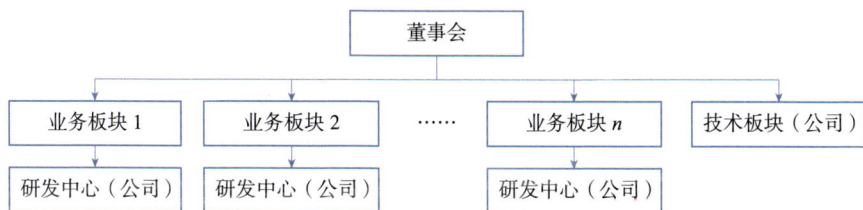

图 4-4　企业科技创新混合式组织体系

以英国石油公司（BP 公司）为例，BP 公司于 2020 年重塑公司组织架构及相关业务，BP 公司重组后，公司部门分为 3 大类：核心职能部门、集成部门、主营业务板块。主营业务板块主要有天然气与低碳能源部和创新与工程部。前者由分散于各部门的新能源团队重新整合而成，集中发展脱碳技术、氢气、碳捕集利用与封存（CCUS）等新业务；后者为新成立部门，统筹管理公司内外部科技研发工作，旨在提高研发回报率，推动减排技术实施，该部门约有3000名优秀的科学家、工程师、企业家和新业务创造者。值得注意的是，该公司的风险投资公司和技术孵化器投资公司（BP Launchpad）亦被纳入创新与工程部，负责整个公司范围内的技术研发、试验推广与工程化、技术标准制定、数字化技术及实施、风险投资与技术孵化。其中，成立于2018年的BP Launchpad重点关注智能传感及智能产品等数字化领先技术的初创企业（图4-5），选择向5年内有潜力实现1亿美元价值的公司提供资金和技术支持，促进新技术的商业化开发[61]。

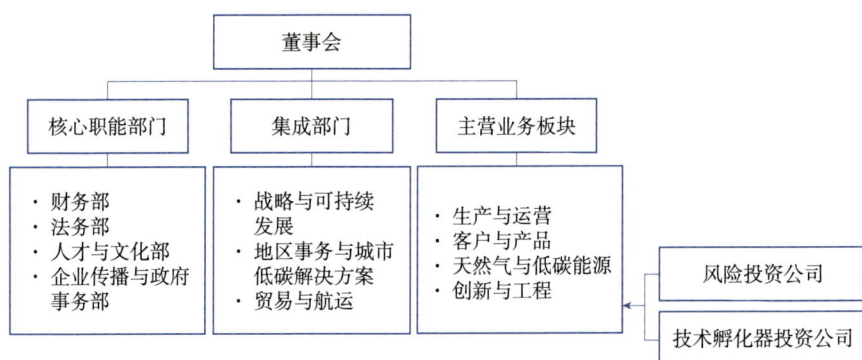

图4-5　BP Launchpad 公司

科技风险投资是一种将资金、技术、管理与创业精神融合在一起的投资模式[63]。从BP公司的转型发展来看，作为新技术的"搜寻器"、技术研发和成果推广的"加速器"，科技风险投资纳入科技创新体系，将有助于公司摆脱业务发展的路径依赖，为企业可持续发展寻找和培育新动能，是企业获取创新来源的重要方式。

国际一流工程承包商——万喜集团，也采用混合式科技创新组织体

106

系。万喜集团有着扎实厚重的科技创新实力，科技创新为万喜集团赚取了高额的利润。在科技创新组织体系上，万喜集团成立专门的研发委员会，该委员会由董事会下设的执行委员会直接领导，并由公司各业务线的最高级科学和行业技术专家组成，覆盖全集团所有的业务活动，该委员会的主要任务是：技术研发相关政策的制定和推行；鼓励内部研发项目的技术信息交流，并支持联合性技术研发工作；核心任务在于将研究概念和成果转化为产品，实现与公司战略业务单元的紧密衔接。为加速集团内新产品、新服务的孵化和推广，万喜集团搭建了以三大平台为中心的混合式科研创新组织体系，包括环境研究实验室、城市工厂和伦纳德。万喜集团的三大创新平台中，环境研究实验室和城市工厂两个平台均是开放的创新平台，其中环境研究实验室由万喜集团和三所巴黎工程科技学校于 2008 年合作推出；城市工厂是万喜集团于 2010 年成立的智库，致力于持续监测、探索和研究各种城市前瞻问题。伦纳德专注于科技创新成果转化，是内部创新创业孵化器。该平台对内部创新项目的孵化成效显著，目前已经运营实体 12 项，培育初创阶段公司 5 家，催化阶段企业 11 家。2019 年由该平台孵化的万喜 Exegy 低碳混凝土项目，研发了低碳、极低碳和超低碳三个系列产品线，成为万喜集团低碳发展的重要技术支撑。同时，万喜集团针对每一项主营业务建立一套专业的知识体系，并成立了专门的研究网站。基于公司分散化经营的模式，万喜集团鼓励企业参与地方的持续性创新，每两年评选一次创新奖，通过内部网络提交并展览创新成果，设定专门的观察系统用以评估 [64]；扶持技术型、创新型公司，万喜集团斥巨资培育的弗莱西奈公司不仅创造了经济效益，也成为万喜集团的名片之一。

（4）发展趋势

当前，更多的公司的科技创新组织体系发展趋于集中化、系统化，通过在企业总部设置科技创新实体化机构，如总部创新中心、总部研究院等，在下级具备专业优势的企业设置专业研发机构，实现上下体系化。通过设立简洁、专业、集中的组织形式对人才链、创新链进行体系化整合，统筹企业内外部科技资源，优化资源配置效率，以提高知识和技术共享程度，降低综合管理成本，加速科技创新成果的试验、推广和应用。

4.3.2 构建科技创新组织体系

目前，多数头部企业采用分散式科技创新组织体系，为更高效地开展科技创新，在新型举国体制下发挥企业科技创新主体地位，借鉴国内外优秀企业的先进经验，构建头部企业的科技创新组织体系，如图 4-6 所示。

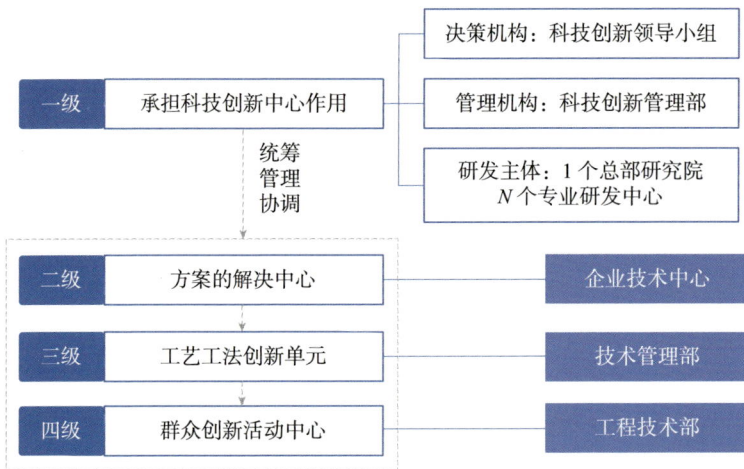

图 4-6 科技创新组织体系

科技创新组织体系分为四级，一级承担科技创新中心作用，将企业总部打造成创新中枢，包括决策机构、管理机构和研发主体三类机构，由总部直接管辖，开展关键核心技术、共性技术、前瞻性技术研究。其决策机构是科技创新领导小组，全面负责科技创新和成果转化工作，制定企业科技创新战略，审议企业科技创新相关重大政策措施；管理机构是总部设立科技创新管理职能部门，起草战略和政策文件，负责科技创新工作的具体组织实施，制定具体实施方案和实施标准，制定相关工作制度，协调、指导各级科技创新工作；研发主体包括 1 个总部研究院和 N 个专业研发中心，总部研究院主要负责统筹和聚集科技创新资源，构建科技创新生态；专业研发中心实施重大科技创新项目，孵化产业公司、推动重大科技成果转化。二级定位为方案的解决中心，主要依托二级企业的技术中心，承接上一级科技创新平台研发任务，承接或自主开展科技成果转化，进行重大工程项目技术方案研究。三级是工艺工法创新单元，主要依托三级企业的技术管理部，自主开展实用技术创新，解决生产中的具体技术问题，提高工作效率。四级单位是群众创新活动中心，主要依托具体项目的工程技术部门，自主开展小改小革技术研究，促进员工从一线工作实践中发现问题、解决问题。四个层级中，一级单位统筹管理协调下层各级单位，形成紧密联系、层次清晰、分工明确的中心化的科技创新组织体系。

4.4　科技创新主体平台优化

科技创新平台是以提升科技创新能力为目标，以产学研等创新主体为依托，汇聚人才、资金、信息等多类创新要素，提供系列科技服务的设施平台。我国国家级科技创新平台包括国家重大科技基础设施、国家重点实验室、国家工程研究中心、国家技术创新中心、国家级企业技术中心等类型，头部建筑企业应以打造国家级科技创新平台为目标。

4.4.1　科技创新主体平台案例

江苏省建筑科学研究院有限公司于 2004 年成立江苏苏博特新材料股份有限公司，主营混凝土外加剂的研发、生产和销售。2009 年，公司所属高性能土木工程材料国家重点实验室获科技部授牌，公司投资约 2 亿元，建成了总面积达 50000m² 的技术中心。截至目前，创新平台拥有研发人员 200 余人，其中中国工程院院士 2 名、国家杰出青年科学基金获得者 2 名、国务院政府特殊津贴专家 7 名、国家"万人计划"领军人才 6 名、江苏省有突出贡献中青年专家 6 名、江苏省"333"工程 30 名，博士、硕士 190 余人；研究成果先后获得国家科技进步二等奖 3 项，华夏建设科技进步奖 2 项，中国公路学会特等奖 1 项，江苏省科技进步一等奖 4 项、二等奖 3 项，其他省市级科技进步奖 10 项；江苏苏博特新材料股份有限公司在 2017 年国家级科技企业孵化器认定获评优秀，同时 A 股上市。2022 年，江苏苏博特新材料股份有限公司实现营业收入 37.15 亿元，连续九年位居全国混凝土外加剂减水剂榜首。

江苏省建筑科学研究院有限公司构建了"科技 + 产业 + 金融"的运作模式。作为开放性的实验室，高校院所、上下游企业与实验室共同参与外加剂的研发，通过持续的技术研发形成技术成果，成立产业公司开展科技成果转化，逐步打造了高性能土木工程材料国家重点实验室，控制型子公司苏博特成功上市，形成理事会分管实验室、董事会分管苏博特的组织架构。创新平台的领导专家与产业公司董事会、高管成员高度重合，创新平台和产业化公司相辅相成，实现了创新链产业链资金链人才链的高度融合，如图 4-7 所示。

4.4.2 构建科技创新平台总体思路

科技创新具有开放性和难以预测性的特征，需要思想、理念、实践的碰撞，需要产学研的结合、产业链的互动，因此，成立理事会主要负责创新生态的构建，主要开展科学创新活动和共性技术研发，并通过开放式科技创新基金来支持。企业技术创新的目的是获取超额潜在利润，必须实行公司制管理，因此成立董事会主要负责产业生态的构建，主要开展技术创新活动和科技成果转化，并通过科技投资资金予以支持和保

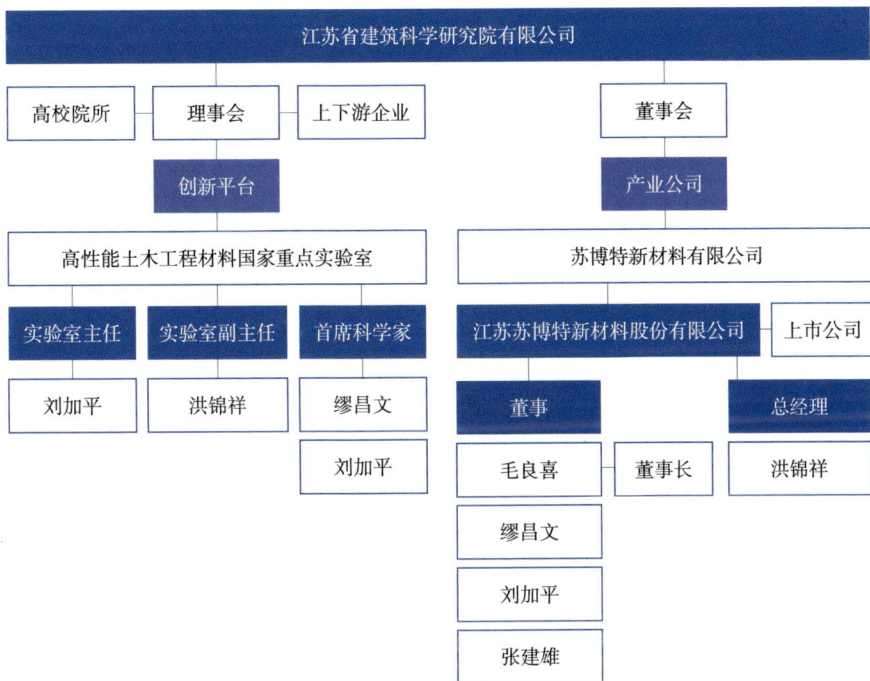

图4-7　江苏省建筑科学研究院有限公司创新平台、产业平台与人才架构

障。在自行投资的基础上，通过创新成果的先进性和平台长期运行形成影响力，吸引外部投资，共建金融生态。

科技创新平台建设并非一蹴而就，其存在一个逐步成长的过程，一般而言先成立理事会，通过重大科研项目牵引，聚集内外部、上下游科技创新资源，形成一批技术创新成果后，再成立董事会，开展科技成果转化，培育高新技术企业，理事会和董事会是一个有机的整体，具体体现在人员的大量交叉。

从成熟的企业科技创新平台经验和未来的发展趋势看，企业科技创新平台一定是"科技＋产业＋金融"的一体化平台，实现创新链产业链资金链的融合。企业牵头组建的科技创新平台，企业既做项目的"出题人"，又在项目实施中发挥组织领导作用，在创新联合体中担当机遇发现者、技术攻关者、风险识别者和资本引入者的角色。企业通过牵头打造产业场景，加速创新要素融通和科技成果场景化应用。高校和科研院所负责提供人才支持、技术支持、基础设施支持和研究资源支持，开展协同科技攻关；政府在资金、土地、税收、人才、科技成果转化等方面给予政策保障和支持，共建创新生态。

4.4.3　构建"科产融"一体化科技创新主体平台

基于以上几点思考，构建企业的"科技＋产业＋金融"一体化科技创新主体平台，由理事会和董事会决策企业的不同科研事项，并联合与银行、保险、证券和风投等金融服务机构提供投融资服务，如图4-8所示。

理事会下设外联机构、研究机构、开放式科技创新基金，外联机构承担联合和聚集高校、科研院所、上下游企业等创新主体，实现由大企

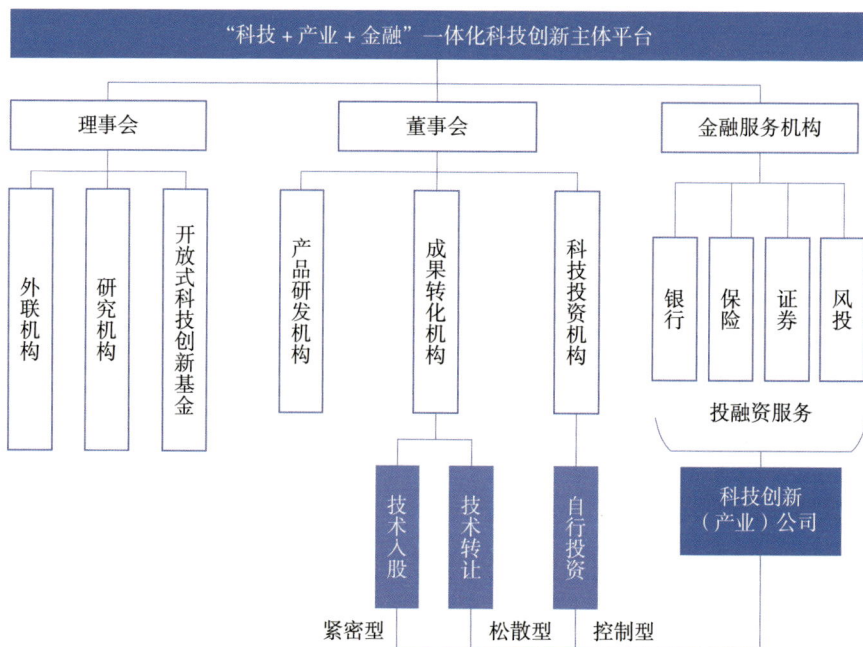

图4-8　"科技＋产业＋金融"一体化科技创新主体平台

业支撑引领、中小微企业积极参与、高校支持、政府引导的创新联合体。研究机构组织并开展基础研究、应用基础研究和技术研发项目，破解相关产业发展的技术瓶颈，形成原创性科技创新成果。争取国家财政资金资助外，设立开放式科技创新基金，支持研究机构和联合体成员科技创新项目。理事会的领导下所形成的主要成果为专利、标准、技术方案或者产品原型。

董事会下设产品研发机构、成果转化机构、科技投资机构。产品研发机构承担开展技术研发、产品研发、技术 / 产品迭代升级的职能，增强企业的自主研发能力，有效转化高校院所的重大原始性创新成果，开展关键技术攻关和技术集成。成果转化机构开展价值评估、交易代理、企业孵化等科技成果转化服务，将实验室成果变身为产品、产业，转化为现实生产力。科技投资机构负责开展科技创新投资，争取国家财政资金补贴，为产品研发、成果转化争取资金上的支持。在董事会的领导下最终取得新技术、新产品、新工艺等科技创新成果，孵化科技创新（产业）公司。

科技创新主体平台所孵化的科技创新（产业）公司，可通过科技投资机构自行投资，取得控制权，也可通过成果转化机构的技术入股或技术转让，与其产生紧密或松散的联系。平台应联合或吸引银行、保险、证券、风投等金融服务机构，为科技创新（产业）公司提供投融资服务，助力其度过"死亡之谷"。

总体而言，以企业主导、多方参与方式组建的创新联合体，一般由产业链龙头企业或科技领军企业主导组建，聚焦重大产业场景，瞄准产业关键核心技术"卡脖子"问题的突破，特色在于通过场景整合市场需求驱动和使命驱动，通过构建"科技 + 产业 + 金融"一体化科技创新主体平台，实现创新链产业链资金链人才链融合，实现"科技 + 产业 + 金融"的良性循环，构建一流创新生态、产业生态、金融生态。

4.5 科研项目管理模式优化

科研项目是科技创新活动的核心载体，采取适当的科研项目管理模式可促进科研管理的提质增效，进一步激发创新活力、提升创新效能。"十五"至今，国家科技计划全面实行了课题制管理，其管理方式之所以能够迅速兴起，主要是拥有与市场经济体制相适应的科研组织与管理方式。然而课题制属于"小作坊式"研究，产业无法做大、科研产业化后的创新后劲不足，难以适应大产业化的项目。因此，有必要探索借鉴工程项目的管理制度，丰富科研项目管理模式。

4.5.1 课题制由来及优势

改革开放后，我国全面启动了科研资源配置制度改革，结束了长期以来所采取的高度集中的计划性配置模式。随着市场经济体制的建立，市场在科研资源配置中的作用日益显现。为了适应这一变化，完善科研课题管理制度体系，2002 年，我国颁布了《关于国家科研计划实施课题制管理的规定》等，对科研课题的确立、组织管理、经费核算、验收、监督等各环节都作出了明确规定，科研资源从配给制转为申报获取制[65]。

课题制管理按照公平竞争、择优支持的原则立项。这是一种由科研部门引领，以课题组为基本活动单位，以课题研究为中心，课题负责人组织科研骨干成员开展科学研究活动的科研管理新模式。这种管理模式具有四方面优势：一是实现了课题管理及管理制度的统一。申报获取制改变了过去科研课题多头管理、名目繁杂、体系庞大的局面，规范了各类项目的计划管理，有助于科研工作的协调发展。二是确保了项目立项的科学性。申报获取制采用业内专家评审与政府决策相结合的方式，有效地避免了"外行"评"行内"的局限。三是实现科研人员的集聚和科研资源的优化组合。课题负责人通过与科研管理部门签订研究任务合同书，自主组建研究参与单位和研究团队，有助于各类科研资源的集聚与优化，确保研究任务的顺利完成。四是规范了课题的预算管理。经费预算成为合同书的重要组成部分，有利于建立公开透明的评估预算机制，实现了对经费使用去向的有效监督与管理，从而提高了科研经费的总体效益[66]。

4.5.2 课题制存在的主要问题

（1）跨单位的组织课题制形式大于实质

课题制改革初衷之一就是为了突破原有单位隶属关系对研究人员的束缚，但由于我国科研体系中长期存在的科研人员行政隶属关系所带来的一系列如薪资关系、户口、职称等因素的影响，难以从根本上实现科研人员的自由流动，使得跨单位的组织课题制形式大于实质，难以实现跨单位之间真正的合作。

（2）科研管理过多耗费科研人员精力

现行的科研经费管理的核心是全面预算制度，为了在制度上保证科研资金的规范有效投入，设置了复杂的执行程序和资金使用规则。科研人员普遍将编制预算的目的简单看作申报项目，加上科研的不确定性高，导致预算偏差普遍很大。这种制度形式正是通过程序上的严密构建来保证科研经费的使用，科研人员需要花费大量的时间和精力来保证课题的正常运行，这就导致了与"合理配置科技资源，提高科研经费的利用效率"这一设计初衷背道而驰，成为课题制本身难以摆脱的制度性缺陷[67]。

（3）不利于高质量和长周期的科研工作

择优立项的原则使得课题制成为一种竞争性的科技资源配置模式，然而这不利于需要长周期研究的科研项目，其通常难以得到稳定性的支持，基本上处于"两头不讨好"的局面。一是对于基础性研究项目，追求研究题目本身不能重复，需要不断变换新课题，这样立项理由才更显充分，导致科学家难以进行长远规划，很难持续坚持高质量的探索性研究；二是对于前瞻性产业化项目，一开始市场渗透率低，正需要持续大力投入的时候，反而难以获得持续资金的支持。

4.5.3　项目部制科研管理适用性分析

理论上讲，项目管理模式中所定义的"项目"，不仅要有明确的目标和可预期的结果，事前确定的内容边界在完整的执行周期内极少出现非预期性改变。而当前实践中所说的"科研项目"，其实并非项目管理模式所定义的项目，更多是"科研任务"的代名词，虽也有明确的需求指向，但创新目标物、主要技术构成和完整工作内容并未确定、也不明确，且越是创新度高、越是早期科研环节越是如此。

然而，从目前已形成的组织理论看，应对高频变化和协调工作量大、质量要求高的任务，最好的组织管理模式仍是矩阵制或者说项目管理模式——通过组建横向工作团队（项目组/部）来提高业务综合完成能力与协调效率。因此，项目管理模式作为当前在组织定制化程度和统筹协调效率上都最高的一类组织管理模式，不可避免地要用到科研任务实施上。

科研任务组织由此面临一个矛盾：一方面内容边界不确定，无法直接使用项目管理模式；另一方面在组织实施上对定制化程度和统筹协调效率要求高，需要使用项目管理模式。项目管理模式主要适用于项目边界确定性强的项目，而科研项目边界恰恰不具备这种确定性，客观上注定无法直接运用项目管理模式，但我们可以根据科研项目的特点，对项目的流程管理、预算管理、评价标准等环节进行改进，使其适用于科研项目。

4.5.4　科研项目管理模式

科研项目管理模式有多种类型，如计划任务制、课题组制、项目部制等，不同的科研项目类型适合不同的科研管理模式，不是单一模式的取舍问题，而是多种管理模式的并存和效率竞争问题。课题组制项目管理模式、项目部制项目管理模式的适用阶段、特点和优缺点见表 4-2。

两种科研项目管理模式　　　　　　　　　　　　表 4-2

模式	适用阶段	特点	优缺点
课题组制	基础研究与应用基础研究、基础技术研发	少部分专职人员 + 大量兼职人员。科研活动不连续、不定期	对企业既有的组织机构、人员管理、薪酬待遇不产生实质影响，具有灵活、管理简单、投入小的优点。人员分散、管理松散、责任模糊、激励机制不明确、难以承担重大科研项目尤其是产业化攻关
项目部制	应用技术研发、产品开发与市场应用	有正式的机构，定员、定编、定岗、定级。有明确的经济责任，待遇与责任的兑现紧密挂钩。科研活动连续，专职人员为主 + 少量合同外聘人员	组织刚性，有利于资源聚集和项目快速、有序推进。涉及不同单位人员调动，组织难度较大

（1）课题组制项目管理模式

课题组制项目管理模式是通过确立科学研究课题，并以课题为中心、以课题组为基本活动单位进行课题组织、管理和研究活动的一种科研管理制度。课题组制项目管理模式适用于创新度高、项目规模小、时效性要求也不高的应用基础研发项目及产品/技术研发项目。课题组制项目管理模式研发人员由少部分专职人员与大量兼职人员构成，科研活动不连续、不定期，因而对企业既有的组织机构、人员管理、薪酬待遇不产生实质影响，具有灵活、管理简单、投入小的优点。但也存在相应缺点，即人员分散、管理松散、责任模糊、激励机制不明确、难以承担重大科研项目的攻关。

（2）项目部制项目管理模式

与课题组制相比，项目部制项目管理模式是以项目为单元，将分散在行政管理单元体系中的各类专业技术人才按照指定任务进行集中，开展相互关联、互动和集成性的技术研究。项目部制项目管理模式适用于开展产业化科技创新项目，尤其是量级（投资额）大、时效性要求较高的技术研发、产业化创新项目。项目部制项目管理模式有正式的机构，项目部对科研人员及管理者实行定员、定编、定岗、定级管理，其成员有明确的经济责任，待遇与责任的兑现紧密挂钩，项目部制的科研活动连续，以专职人员为主、少量合同外聘人员共同参与研发。项目部制科研管理模式具有组织刚性。产业化创新项目的核心是将创新成果转化为实际的产品、服务或商业模式，项目部制强调建立研发机构及研发队伍，设立专职研发机构作为承担企业技术创新任务的载体，通过建立明确的职责分工和管理流程，明确权利义务和目标责任，确保项目按时、按质地交付成果，实现商业化和市场化的目标。项目部制项目管理模式有利于资源配置。产业化创新项目通常需要调动各种资源，包括人力资源、资金、设备和技术等。项目部制以项目为单元，用柔性连接串起跨单位的研究人员，打破"室所"为主的行政管理壁垒，同时强化项目经理在项目执行过程中的管理权力，集中调配项目所需人、财、物资源，使资源配置和利用趋于最大化，以支持项目的顺利执行和实施。项目部制项目管理模式激活科研人员积极性。项目部制由过去形式上的集体转变为实质的运行组织，强化了团队的组织感、归属感、责任感和荣誉感，解决了管理不得力、工作协调难度大等问题，提高了组织凝聚力。团队成员之间的合作能力和沟通能力是项目部制管理模式成功实施的重要因素。但项目部制的组织特点也给不同单位人员调动带来一定的难度。

4.5.5 项目部制科研项目管理

从管理角度看，项目部制科研项目管理包括 7 个方面：流程管理、技术管理、机构与人员管理、进度管理、质量管理、成本管理、绩效管理（图 4-9）。

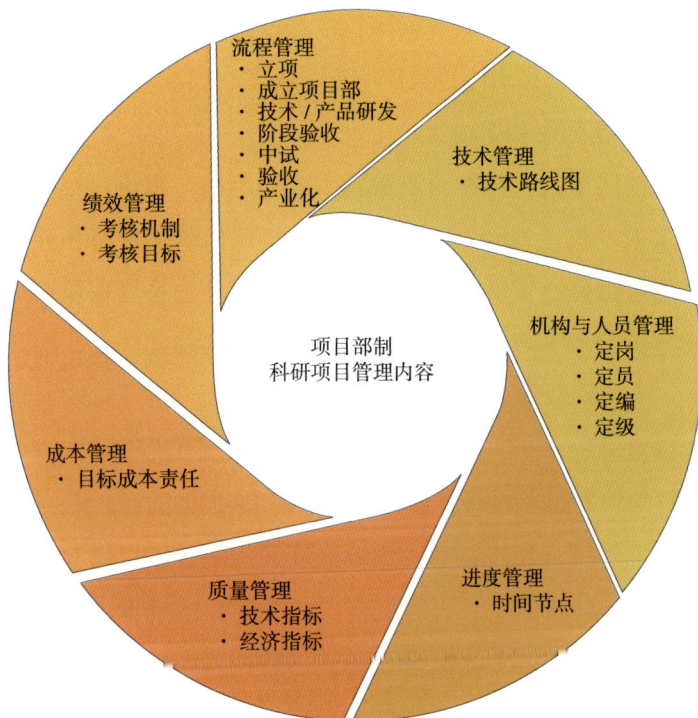

图 4-9 项目部制科研项目管理内容

（1）流程管理

流程管理涵盖科技创新的主要环节，因此科研项目应具备明确的流程管理。包括立项、成立项目部、技术/产品研发、阶段验收、中试、验收、产业化，涵盖科研的全过程，使科研工程实行制度化和科学化的管理，保证科研方案圆满完成。科研项目流程管理的好坏对项目的科研产出、公司的盈利等有极大的影响，因而需建立高水平的、符合战略、符合科研一般规律的管理流程，流程上层层把关，形成良性循环的长效机制。

（2）技术管理

技术管理需要有明确的总体技术路线图，技术路线图应充分论证、落实到位、接口统一，技术状态总体可控，为项目部提供决策依据，提高决策效率。过程中严格执行局部技术路线变更审核流程，确保变更后的技术具有可行性，且对项目整体质量、进度、成本等不产生负面影响。

（3）机构与人员管理

要有明确的编制，机构与人员管理实行定岗、定员、定编、定级管理，发挥个人专长，培养工作骨干，保障科研人员工作有条件、干事有平台、待遇有保障、发展有空间。协作人员劳动关系可保留原单位，但应统一绩效考核和工资发放，在保证核心成员的稳定性上，应弹性管理科研人员，降低管理成本。

（4）进度管理

进度管理上通过项目计划明确时间节点和项目进度要求，定期研究、评估项目当前进度，发现并解决影响进度的问题，针对研发任务的高度不确定性，动态统一调整，合理安排具体分任务的进度，保证基本的任务节点不变和项目总体按时按质完成。

（5）质量管理

科研项目要有明确的技术指标和经济指标，通过技术指标可以判断科研项目的技术创新程度、先进程度以及技术的难度与复杂度，经济指标可以判断项目将取得的经济效益和社会效益。过程规范的情况下允许阶段性失败，但应根据失败的原因进行调整，最终实现研发目标。做到按规范、按程序、按流程进行理论研究和试验研究，确保各阶段研究质量不断提高，严格质量检查制度。

（6）成本管理

成本管理上，明确目标成本责任，"谁主导研发路线，谁对成本负责"，探索实行经费包干制，赋予科研人员更大的经费使用自主权，在经费全部用于与本项目研究工作相关支出的基础上，自主决定项目经费使用，从而解决科研经费预算编制繁琐的问题，为科研人员减轻事务性负担，同时严厉打击科研经费截留、挪用、侵占和虚假套取等行为，保证科研伦理道德和作风学风诚信。

（7）绩效管理

绩效管理上，要明确考核机制和考核目标。分配绩效工资时，应向承担科研任务较多、成效突出的科研人员倾斜，如对职务科技成果完成人和为科技成果转化作出重要贡献的人员给予奖励和报酬，奖励及时兑现，以此激发科研人员的科研热情，进一步提升项目部的科研产出。

| 第 5 章 |

头部建筑企业科技创新投入机制分析

多数建筑企业尚未正确看待科技创新活动，对科研投入的"高风险、高投入、高收益、长周期"认识不足，科研经费投入"广种薄收"，无法通过资本力量聚集创新要素、配置创新资源。头部建筑企业在开展科技创新时，应正确理解科技创新投资的重要性，深刻认识科技创新不同阶段的投入产出特征，才能正确制定企业科技创新投资策略。

5.1　企业科技创新投入

5.1.1　正确认识科技创新活动

科技创新活动包含科学创新与技术创新，两者截然不同。前者揭示事物的源头和底层规律，如探索基本原理、创造基础知识等，是把钱变成知识的过程，是创新的第一阶段；后者是对已知的科学原理、规律的实践运用，是把知识转化为财富、变成钱的过程，是创新的第二阶段[68]。

第一个阶段依靠科学家的自由探索，市场化程度低，要用知识的边际增加与否来评价；第二个阶段需要企业家的敏锐挖掘，市场化程度高，要用财富的增加多少和效率来评价。也有学者把管理创新活动归于科技创新的范畴，管理创新是指在特定的时空条件下，通过计划、组织、指挥、协调、控制、反馈等手段，对系统所拥有的生物、非生物、资本、信息、能量等资源要素进行再优化配置，以实现人们所诉求的生物流、非生物流、资本流、信息流、能量流等目标的活动。

科学创新活动是通过科学研究、实验检验，运用基础研究和应用研究，获得新的具有创造价值的基础科学和技术科学知识的创新过程，其目的是追求新发现、新理念，在原有科研成果的基础上，探索新规律、创造新方法，创立新学说、积累新知识。可以说，知识创新的核心是科学研究，以新的思想观念的产生为前提，有了新的思想观念，才能产生新的物品、新的概念范畴和理论源泉，为人类认识世界和改造世界提供新的世界观和方法论[69]。

根据经济学家熊彼特的理论，技术创新是指把一种从来没有过的关于生产要素的"新组合"引入生产体系，这种新组合包括引进新产品、新技术，开辟新市场，控制原材料新来源，实现工业新组织等[70]。作为一种复杂的活动过程，技术创新需要一个新观点的产生和无数个非连续性实践的展开，继而才能运用到实际生活中，可以说，一些重大的技术创新活动会驱动社会主导的经济系统发生根本性转变。因此，全社会应重视发展技术创新，才能推动科学技术进步与应用创新的良性互动，最终促进社会经济的增长。管理创新是创造性思想最终被转换为有用的服务、产品或者方法的整个过程。企业通过采用新管理方法或手段、新运行模式或引入新的企业管理系统等管理要素，更高效地实现组织目标。因此，管理创新的核心内容是科技引领的管理变革。

归根结底，管理创新的进步离不开科学创新、技术创新的发展，三者相辅相成、缺一不可。科学创新是技术创新和管理创新的基础，通过知识创新衍生出技术创新和制度创新；同时，技术创新为知识创新和管理创新提供必要的物质保障，管理创新为科学创新和技术创新提供必要的环境检验和实操平台。三者是经济发展和企业提升的关键性因素，是社会稳定与发展的重要砝码。

5.1.2　科技创新资源投入

以下从人力资源投入、物质资源投入两个方面论述科技创新在各个环节的创新要素投入。

人力资源投入。人力资源是科技创新活动中的主体，也是最活跃的一个条件，贯穿于科技创新各环节。科技创新领域的人力资源通常又被称为"科技人力资源"，顾名思义，是"科技"与"人力资源"的结合。在广义上通常包括直接从事科技创新活动的人员和为科技创新活动提供服务、间接接触创新活动的人员。科技人力资源作为科技创新过程中最重要的资源投入，在科技创新的基础研究、应用研究和中间试验阶段发挥着十分重要的作用，直接关系着是否有科技产出以及成果的质量，影响着投资者和企业的经济效益。

物质资源投入。科技创新过程中的物质资源投入主要包含企业研发资金、新技术新设备、政府创新补贴和固定资产投资等。在基础、应用研究和试验阶段，除了需要具有创新意识和专业知识的科技人才，还需要新技术、新设备以及研发资金、政府创新补贴等资金来支撑科技创新过程。在科技创新的后期环节，需要大量的资金投入来满足企业开展流水线式生产和大规模市场销售推广活动，以实现科技创新落地，完成产品商业化和产业化。

5.1.3 科技创新资金来源

处于不同生命周期的科技型企业，其科技创新资金来源各有侧重，主要资金来源包括三个渠道：资本市场的风险投资、金融机构的信贷投资、政府的财政支持。

资本市场的风险投资。资本市场是科技型企业融资的重要场所，其生命周期的各个阶段都有资本市场的参与。对处于技术研发阶段的种子期科技型企业，其科创资金一般以创立者的自有资金为主，政府补贴为辅，或增加天使投资的参与；初创期的科技型企业，研发取得了初步成果，其主要目标是实现成果的商业化转化，此阶段企业自有资金与政府补贴已难以为继，且可用于抵押的资产较少，信用尚未建立，创业者与商业银行的信息不对称，难以从债券市场和股票市场得到融资支持等，故企业融资的主要方式为风险投资的介入；对于处于成长期的科技型企业，主要目标是拓宽产品市场的占有率，因此该阶段企业拥有可用于抵押的知识产权，通常可在金融市场上进行商业借贷，但存在信贷周期长、频率高的特征。步入成长期后半阶段的企业，其已拥有自身信用体系，债券投资开始介入，企业可开始谋划上市融资；在成熟期与衰退期，科技型企业主要通过股票市场获取投资支持。

金融机构的信贷投资。金融机构是指从事金融服务行业的金融中介机构，其对于科技型企业投资风险分担是通过配置风险来获取收益，主要的支持对象通常局限于处于将科学技术转化为商品的成长期及成长期之后的科技型企业。商业银行是金融机构主要组成部分，具有风险的跨期配置作用，通过发放贷款为科技型企业提供信贷投资支持，其风险分担的特点是风险内部化，即将科技型企业投资风险转化为自身所承担的风险，通过经营风险来获取投资回报。同时，商业银行还具备信息处理优势以及债权治理机制，这将有助于商业银行有选择性地挑选需要融资的科技型企业，为其提供信贷支持，提高科技型企业研发的成功比例，分担投资风险[71]。

　　政府的财政支持。政府机构对于科技型企业的财政投入一般可以分为直接资金支持和间接财政支持两方面。前者主要包括财政贴息与研发补贴，后者主要包括税收优惠、财政贴息和政府采购。该财政支持是科技型企业融资渠道中的重要组成部分，其规模和方向与国家宏观经济走向相关，是国家科技政策和发展战略的体现。

5.1.4　科技创新与金融融合发展

　　人类历史上每一次工业革命都源于科技革命，成于金融革命。

　　英国作为第一次工业革命的发源地，也是世界首个建立中央银行的国家，形成了以中央银行和商业银行为构成的银行融资体系，推动了机械制造、冶金等资金密集型产业的井喷式增长，一跃成为 19 世纪全球头号强国。19 世纪末，蒸汽动力被电力和燃油动力代替，美国率先建立以投资银行为主体的市场主导型金融体系，有力地推动了电气化革命，助力其成为 20 世纪全球头号强国。20 世纪 60~70 年代，与前两次工业革命的标志性行业不同，信息技术产业具有高风险、高回报、轻资产的特征，而主导该行业的科技企业面临研发周期长、不确定性大的风险，这种情况下，在量产环节投入巨资的投资银行模式难以为继。20 世纪 70 年代中后期，美国风险投资行业应运而生并高速发展，成为推动产业发展的重要金融形态，其在 20 世纪 70~80 年代开始投资半导体、软件和互联网等高科技企业，塑造了今天的美国硅谷，促使信息产业迅速成长，发展成为美国经济的新支柱。

　　不难发现，科技与金融融合有助于提高科技创新效率，也有助于拓展金融资本的利润增长空间。金融资本解决了技术产业化所面临的资金瓶颈问题，助力技术的大规模生产和运用，并助推了下一轮技术的创新、迭代和突破；每一次金融浪潮不仅创生了新型金融机构，还改变了金融机构对待风险的态度。如今，第四次工业革命正在引发生产与服务数字化、智能化的全新革命，未来随着基础研究成果转化为现实生产力的周期大幅缩短，金融资本与科技的结合向创新链前端延伸，抢占创新链前端的制高点将成为竞争的焦点[72]。

5.1.5 头部建筑企业科技创新投入方式

不同的创新活动的确定性程度不同，意味着不同的科技创新项目需要根据风险程度来匹配不同性质的资金。科学创新类科研项目是发现新的基础原理，其具有公共知识的外溢性，应以政府的公共财政资金支持为主，或者使用基于社会责任而捐赠的公共基金，不适合营利性的金融资金进入；对技术创新和产业类的科技创新项目，应以投资为主，尤其初期或种子期的阶段，更适合资本市场的风险资金进入；但对处于成熟期或生产能力扩张阶段的产业和技术创新项目，则完全可以交给银行信贷资金[73]。

企业科技创新是突破技术难关获得拥有科技知识产权的技术创新成果，并使之市场化、产业化，形成企业科学技术创新能力，取得市场竞争优势的行为。头部建筑企业作为营利性组织，主要参与技术和产业类创新活动，不论是投入内部创新企业还是外部创新企业，其科技创新投入必然以投资为主。同时需要注意的是，由于头部建筑企业作为大型集团公司，子分公司众多，其投入的对象必然以内部创新公司为主，即头部建筑企业科技创新投资平台为投资主体，投资的创新公司为投资对象。

（1）以投资为主

企业性质决定。企业是以盈利为目的，运用各种生产要素，向市场提供商品或服务的经济组织。在商品经济范畴内，企业作为组织单元的多种模式之一，按照一定的组织规律，有机构成的经济实体，一般以营利为目的，以实现投资人、客户、员工、社会大众的利益最大化为使命，通过提供产品或服务换取收入。

企业科技创新的本质决定。企业科技创新活动本质上是一种投资科技产业化的经济活动，企业只有成为投资主体，才会是创新的主体。只有依靠资本力量，才能实现创新要素的真正聚集，才能落实习近平总书记要求从根本上解决"科技创新资源分散、重复、低效"问题的指示。企业科技创新也是一种市场行为，就像习近平总书记所说，要发挥市场对技术研发方向、路线选择、要素价格、各类创新要素配置的导向作用，让市场真正在创新资源配置中起决定性作用。其中的关键就是要强化营利导向，即企业科技创新的根本目的是"赚钱"。因此，科技创新要以产业化为导向，通过开发一类技术形成一类产品；孵化一个产业公司，开辟一个新的市场板块，形成企业新的经济增长点，实现科技创新的价值。

企业科技创新目的决定。企业技术创新的目的是获取超额潜在利润。没有技术创新的企业最多只能获取行业平均利润，而技术创新成功的企业，新技术在别人没有模仿、扩散前，往往可垄断市场，在价格上采取高价策略，利润自然可以较大地超过平均利润。

技术创新终点决定。技术创新始于研究开发而终于市场实现。任何技术创新都是从研究开发开始的，没有研究开发就谈不上技术创新，即使通过技术引进，也需要投资和开发工作，而技术创新的终点是要把它们变成本企业自己能实现的商品和服务，取得经济效益。

（2）以资助为辅

并非所有科研项目都应采用投资的形式，以下类型企业科研项目宜采用资助形式：难以有直接的经济效益，比如以科学创新活动为主，难以或无法直接转化的项目；产生的效益是无法或者难以定量的科技创新项目，比如解决具体的工程技术问题；战略和任务需要开展的科技创新项目，比如国家科研计划配套投入；具有鼓励性质的科技创新项目，比如导向、探索性科研项目；投入较小的科技创新项目。

5.2　科技创新投入产出特征

科技创新的投入和产出分别扮演着资源供给者和成果验证者的角色，只有深刻把握科技创新各阶段的投入产出规律，才能有利于引导企业有效分配科技创新资源、降低科技创新风险。

5.2.1　科技创新阶段

一项技术完成其产业化的过程，通常需经历基础研究、应用基础研究、技术研发、产品开发、市场应用五个阶段。同时，在技术研发、产品开发和市场应用中产生的科学技术问题，再反馈到基础研究端，开始新一轮的科技创新和技术产业化过程，形成了一个"端到端"的螺旋式上升的创新链。由于该创新链在各环节的成果产出、时间周期和风险都不相同，按照市场规则运行，其创新主体、资金来源也各不相同[72]。

（1）基础研究阶段

该阶段以探索未知领域为目标，主要任务是提出新问题、发现新现象、认识新规律、建立新理论，拓展新的认知疆域。基础研究既包括自由探索的基础研究，也包括需求导向和目标导向的基础研究。该阶段的创新主体是高校和科研院所，由科学家主导。基础研究的成果产出通常为论文，理论突破一般需要 5~10 年，甚至更长时间。该阶段创新周期长，往往具有极大的不确定性，很难看到由科技带来的直接收益，因此所需资金一般以政府支持为主，社会资金补充，且该研究多为公益属性，需要积极探索社会公益性慈善捐赠形式，与国家财政资金形成互补。

（2）应用基础研究阶段

该阶段是技术发明的过程，聚焦未来新兴产业发展中前瞻性技术、行业共性技术和关键核心技术。对于企业来说，开展该阶段的研究可以形成技术代差。从技术成熟度的角度看，该阶段处于技术成熟度1~3级。创新主体是高校和科研院所，行业领军企业也会参与研究。研发周期仍然较长，一般需要3~8年或更长，具有较高的不确定性，金融资本还很难看到产品的应用前景，因此所需资金一般由财政资金支持，同时还需社会资本的协同。

（3）技术研发阶段

该阶段是技术产品化的过程，目标是进行工艺验证和产出产品原型，新技术需进一步培育成熟再进行转化，处于技术成熟度4~6级，研发阶段周期一般为4~6年。对于企业来说，该阶段的研发容易形成"卡脖子"技术。该阶段的创新主体是中小型科技企业或大型企业的研发部门，由具有工程经验的技术专家主导，科学家参与。这个环节研发周期仍然较长，具有一定的不确定性，有产品预期应用和收益前景，社会风险资金开始投入。这一阶段的创新投入以企业自有资金投入为主，资金属性为商业属性，但因为风险仍然较大，周期较长，需要财政资金引导，帮助市场确定未来产业前景。

（4）产品开发阶段

该阶段基于成熟的技术形成新工艺，实现产品创新和商品化过程，周期一般为1~3年。创新主体是科技产品的生产和制造企业，由工程师主导，用户参与。这个环节研发周期不长，技术的应用前景明确，应以企业自有投入资金吸引其他社会资金支持，资金属性为商业属性。

（5）市场应用阶段

该阶段是技术市场化的过程，基于用户使用数据形成新的应用需求，为产品迭代和技术升级寻找新方向。这一阶段是资本实现收益的阶段，创新资金由企业自有资金、银行信贷主导，资金属性为商业属性。

综上，越是靠近基础研究，高校参与度越高；但攻克关键核心技术，实现科技产业化、市场化，企业参与度越高，企业是创新主体，创新主体不同阶段参与度如图 5-1 所示。

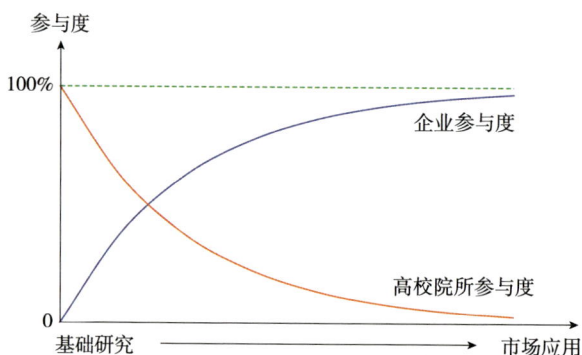

图 5-1　创新主体不同阶段参与度示意图

在基础研究和应用基础研究阶段，需要大量的资金支持，同时又面临极大的研发失败的风险，但企业自身风险承担能力有限，自有资金不足，难以支撑创新全过程，所以应以政府的财政科技资金投入为主，社会资本为补充。在技术研发和产品开发阶段，科研成果逐渐转化为新产品、新工艺，可以为创新主体创造收益，应以企业自有资金投入为主，同时已具备吸引风投资金的能力，政府财政科技投入不再占据主导。在市场应用阶段，通过企业自有资金和银行信贷资金，进行新产品规模化生产、新工艺规模化应用，最终形成相关产业，具体如表 5-1 所示。

科技创新不同阶段参与主体与创新成果　　　　　　　　　　表 5-1

创新阶段	参与主体	创新内容及成果
基础研究阶段	高校院所为主	科学发现
应用基础研究阶段	高校院所、企业	概念性、原理性技术
技术研发阶段	企业为主	关键核心技术，产品原型
产品开发阶段	企业为主	新工艺，新产品
市场应用阶段	企业为主	进行技术升级和产品迭代

5.2.2　投入产出特征

科技创新活动有自身的规律，因此具有其自身的投入产出特征，研究认为科技创新投入产出具有周期长、投入大、风险高、收益高的特征。

（1）周期长

企业科技创新往往需要经历多个阶段和环节，具有研发周期长的特点，研究表明，一项技术从基础研究到市场应用大致需要 15~20 年，投入市场后，还需要不断地进行产品迭代升级。越是靠近基础研究，技术成熟度低，不确定越高，研发周期越长；越靠近市场，技术成熟度越高，为抓住市场机遇，迅速占领市场，科技创新周期越短。以比亚迪新能源电动车研发为例，比亚迪"第 1 辆新能源汽车到第 100 万辆新能源汽车"用时 13 年，从"100 万辆到 200 万辆"用时 1 年，从"200 万辆到 300万辆"仅用时半年（图 5-2）。

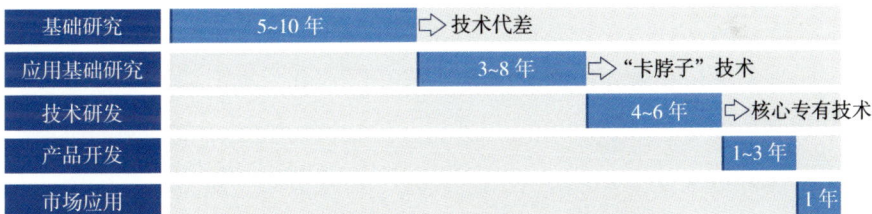

基础研究	5~10 年	⇒技术代差		
应用基础研究		3~8 年	⇒"卡脖子"技术	
技术研发			4~6 年	⇒核心专有技术
产品开发				1~3 年
市场应用				1 年

图 5-2　科技创新不同阶段时间周期示意图

（2）投入大

资本在创新链各个阶段发挥的作用不同，所需的资金投入规模也不同。基础研究和应用基础研究是产业的源头，技术研发是产业技术的起点，这些环节研发周期长、风险大，具有非常大的不确定性，不受资本青睐，但其最需要稳定的资金支持，因此需发挥政府政策和财政资金的引导作用，优化技术和资金配置，把更多社会资金吸引到基础研究、应用基础研究和技术研发等创新过程中，通过制度安排，让创新活动的利益相关者，包括技术生产者、资金供给者和企业经营者等共同分担创新成本、共同分享创新成果[72]。研究表明，从技术研究到市场应用，总体资本投入规模呈指数型增长，但财政资金投入逐渐减少，在财政资金的引导下，社会资本投入呈爆炸式增长，如图 5-3 所示。

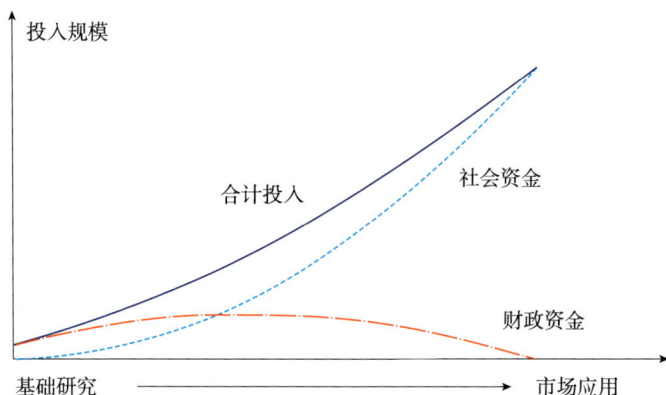

图 5-3　不同阶段不同类型资金投入示意图

科技创新的不确定性和长周期，以及产业化目的，决定了企业科技创新活动的资金投入大的特征，且具有阶段性的特征，在不同的阶段上对于资金的需求又会呈现出不同的特征。实践表明，应用研究到中试与产业化资本投入大体呈 1 ∶ 10 ∶ 100 的"倒金字塔"形关系。以华为为例，自创立以来累计研发投入已超过 1.11 万亿元，2023 年研发投入 1.647亿元，创历史新高，占全年收入的 25.1%。华为坚持"压强原则"，在技术封锁、盈利下降等压力下仍保持高强度的科技创新投入。为了最大化科技创新效益并降低投入风险，华为将 20%~30% 的研发经费投入基础技术和前沿技术研究，并在全球设立 86 个基础技术实验室，致力于关键核心技术突破；而 70%~80% 的研发经费和人力则投入产品技术的科技创新，满足市场需求并创造商业价值。华为在科技创新方面表现出高强度的投入和合理的分配策略，注重基础研究，这些特征使华为能够攻克关键核心技术，延续产业技术创新方向，并为客户提供高效解决方案、高质量产品和服务，实现了较高的利润。

企业重大科技创新项目投入不是一次性的，而是持续性的，并且投入的增长不是线性的、缓慢递进的，而是爆炸式、跨越式的，如果没有达到有效的投入，都不会实现有效的产出，甚至会完全失败。以 Space X 公司为例，自成立起，为了未来能大幅降低产品成本，聚焦火箭回收进行了持续的高强度投入，在正式产业化之前多次试验失败，累计投入超过 20 亿美元。其中，火箭发射试验，猎鹰 1 号失败 3 次后公司接近破产，引入风投才度过危机，第 4 次成功升空；回收试验，开展前 4 次（海上）回收试验接连失败，第 5 次（陆上）回收成功，第 6 次（海上）回收成功。在试验成功后，产业化加速，投资爆炸增长，目前虽已累计投资约 100 亿美元，但估值达到了 1500 亿美元。已成功进行 213 次火箭回收，火箭回收节省 70% 左右成本，发射价格约为美国其他公司的 25%，约为我国的 50%，已形成绝对的成本优势。

（3）风险高

科技创新投入能否顺利实现价值补偿，受到许多因素的影响，既有来自技术本身的不确定性，也有来自生产和市场的不确定性，存在于科技创新的所有环节。首先，科技创新本身就是对新技术的探索。目前，新技术的研发需要用到多学科交叉内容，复杂的技术使得技术创新是否能够以及何时能够实现技术突破，是否能够达到预期的性能，都具有很大的不确定性，表现为技术风险。再者，由于科技创新是全新的产品，无法参照已有的生产设备和生产工艺，且生产人员也需要接受培训，能否顺利度过生产的磨合期、能否在预期成本内实现预期的产品质量与性能有很大的不确定性，这表现为生产风险。第三，对于科技创新所生产出的全新产品，一方面，在竞争激烈与需求变化迅速的市场上，能否被完全接受有很大的不确定性；另一方面，技术开发企业的市场开发投资具有外溢效果，会使投资收回困难，这表现为企业面临的市场风险。

研究表明，企业科技创新投入和成果转化数量存在极其不对称的关系，资本投入大致呈 1：10：100 的"倒金字塔"形关系，而成果转化的数量大致比例是 100：10：1 的"金字塔"形关系（图 5-4）。由于在技术产品研发阶段，投资急剧增加，可选择的潜在项目较多，风险量最高，因此，核心风险是对技术本身的认识不够，技术路线和技术本身的性价比对科技创新的成功率具有决定性作用，在实践中要合理判断技术的先进性、商业价值和竞争性，降低风险，提高科技创新的效益。

创新阶段

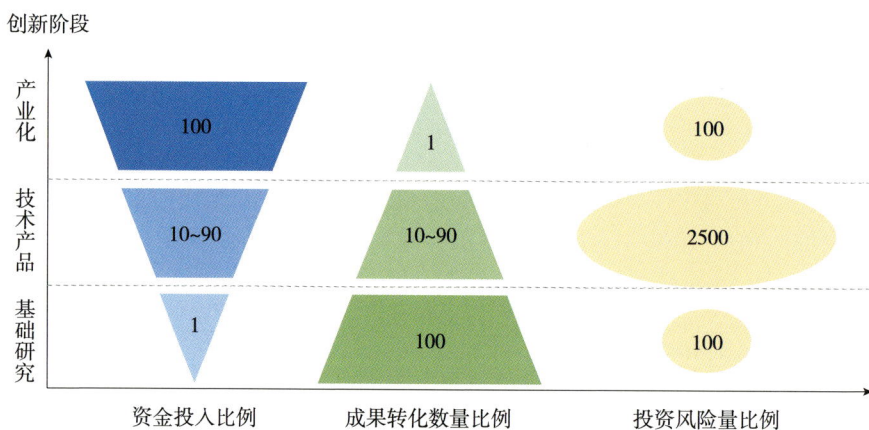

图 5-4 科技创新风险示意图

（4）收益高

企业科技创新属于高投入、高风险活动，需要承担试错成本；但高风险与高收益总是并存的，企业成功的科技创新能让企业技术领先，在市场差异化中带来巨额收益，不仅能在产业化中获得巨额经济效益，还包括长期技术积累效益、品牌效应效益，为后续企业融资提供更多的机会和选择。从基础研究到市场应用，技术成熟度由低到高，研发团队从不完整到完整，资金流由小到大，但潜在收益率由高到低，资本对创新的支持和结合不应局限于产业技术创新阶段，而是向创新链前端延伸（图 5-5）。

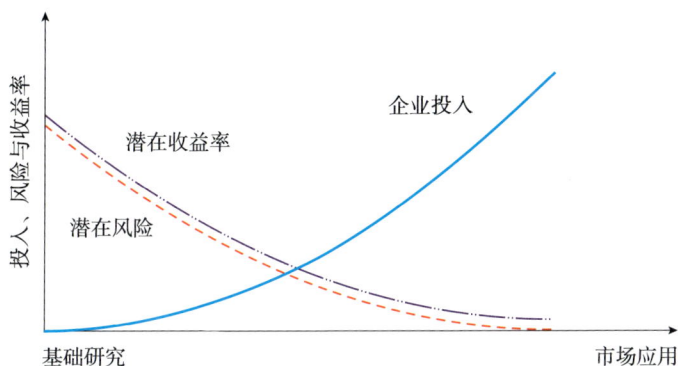

图 5-5　各阶段投入—风险—收益率关系示意图

实践表明，有 20% 左右的成功率可收回科技创新的投入并取得可观的利润[74]。以马斯克投资特斯拉为例，虽然他不是特斯拉真正意义上的创始人，但特斯拉前五次融资，他均是全额认购或领投，尤其在 2008 年，特斯拉遇到技术难题，新车成本过高，为了维持现金流，马斯克拿出了个人仅存的 6000 万美元，帮公司度过危机。马斯克对特斯拉初期投入不超过 1 亿美元，持股 20%（加上股权激励），但特斯拉市值约 1600 亿美元，营利超 1600 倍（不足 20 年）。

5.3　科技创新（风险）投资

如前所述，科技创新投资主要资金来源包括财政资金、风险投资和银行信贷，本节主要论述对科技创新投入起关键支撑作用的风险投资。

5.3.1　正确理解风险投资

高新技术初创企业最大的发展瓶颈在于融资约束，传统的银行体系因为风险过高不愿投资，以资本市场为特征的现代金融体系则可引导金融资源投向创新型企业。在资本市场融资方式中，信息披露能更好地解决信息不对称的问题，融资多元化可解决风险分担问题，市场定价和资本注入也能更好地处理激励问题，因而，资本市场更适合高风险的创新性投资项目，风险投资成了帮助科创企业度过"死亡之谷"的重要力量，其既解决了初创企业的融资问题，也解决了高风险技术创新的定价问题，它是市场的拓展，也是市场经济制度的创新 [75]。

风险投资（Venture Capital，VC）又称创业投资，一般是指投资于高新技术初创企业，并获取回报的融资方式，以承担高风险、获得高收益为主要特征。初创企业的创始人一般都具有出色的技术专长，但缺乏公司管理经验，且新技术能否在短期内转化为市场接受的产品还未可知。这些不确定性导致了投资的高风险性，需要高回报率给予补偿。此外，风险投资作为一种权益融资安排，其特殊的契约安排和激励约束机制能够有效处理技术创新企业融资过程中的融资规模小、风险高、信息不对称等根本性问题，成为促进技术初创企业发展的重要金融制度。在风险投资者和创业者达成的合约中，创业者提供创新技术，风险投资者提供资本和管理经验，这种合约方式有效促进了创新。

5.3.2　风险投资对头部企业技术创新的促进作用

头部企业通过风险投资可掌握初创企业颠覆式创新技术的进展，但其对自身的惯性创新没有直接的推动作用，而是通过推动其技术创新市场化间接实现。技术创新市场化，是将企业技术创新的各个环节与市场相连接，利用市场机制提高头部企业的技术创新效率 [75]。

（1）间接促进头部企业惯性技术创新

头部企业一般都是传统行业中占据主导地位的企业，更擅长本行业内的惯性技术创新，倾向于完善现有生产技术，提高效率以充分发挥规模经济的作用，是保证技术创新沿着降低成本和完善生产工艺的道路推进的主要力量。而风险投资主要投资于高新技术初创企业，这些企业主要从事的是颠覆式创新，试图创造新产品，开辟新市场，催生新行业。为了避免颠覆式创新可能带来的新产业边缘化的命运，头部企业利用风险投资的主要目的，不是为了直接推动惯性创新，而是关注颠覆式创新的最新进展，以便适时调整企业自身的技术创新发展战略。

（2）带来颠覆式创新战略回报

互联网时代，数字化和信息化推动了文化与科技的迅速交流，世界科技迅猛发展。在风险投资的助推下，初创企业的颠覆式技术推动新产品新行业迅速崛起，对传统行业造成巨大冲击，甚至将导致传统垄断企业迅速被边缘化。比如，电池技术和储能技术创新影响着电动汽车行业的发展，进而影响汽油车行业和石油行业的兴衰。为规避这种风险，头部企业在继续推进其惯性技术创新的同时，也应利用风险投资关注和投入与行业相关的颠覆式技术创新的最新发展。区别于独立风险投资以获得财务回报为主要目的，头部企业的风险投资着重于获得企业战略回报，即掌控和规避企业所在行业未来发展可能存在的被边缘化的风险。

（3）推动突破技术创新与市场的藩篱

头部企业所擅长的惯性技术创新，往往存在创新成果与市场隔离的问题，易导致创新成果与市场需求脱节，技术创新效率相对较低。企业要保持竞争力，必须能够高效利用各种外部资源，同时不断挖掘尚未有效利用的内部资源，并加以合理配置和利用。资源配置效率很大程度上决定了企业的生存与成长状况。因此，头部企业以风险投资方式投资于内外部初创企业，虽不能直接提高自身的惯性创新效率，但可以学习和借鉴风险投资的市场化运作方式，开放式地配置企业外部的技术创新人才、引入外部科研资金等，发挥市场机制在企业技术创新、成果转化和商业化上配置资源的优势，解决头部企业技术创新中存在的各种问题，激励创新团队的积极性，提高技术创新效率。可以说，利用市场机制配置提高其技术创新效率的过程，就是头部企业技术创新市场化的过程。

（4）克服预算软约束问题

头部企业通过设立企业风险投资机构，有利于突破封闭式的科技研发方式，为技术创新引入市场机制。通常，对于由政府提供经费的独立科研机构或国企内部科研机构，科研成果评价方式常以专利、科技奖项等与市场效益不直接相关的指标为基础，其科研经费无资本增值目的，易脱离市场需求，也削减了科研成果转化及商业应用的动力与积极性，造成科研资金预算软约束和使用上的低效率。为此，头部企业可借鉴风险投资制度，引入外部资本和资源，将科技创新的研发、成果转化及商业化全过程与市场相连接，以市场机制为技术创新全流程进行资源配置，并按照资本增值和市场需求来筛选项目，产生满足市场需要的成果，从而解决企业科研投入的预算软约束问题。

5.3.3 科技创新投资环节

传统的风险投资一般分为"募、投、服、管、退"五个关键环节。

（1）资金募集

对于头部建筑企业而言，企业资金充足，这一环节相对简单，可利用现有的投资平台公司直接开展科技创新投资，也可成立专门的企业风险投资机构（CVC）开展科技创新投资。

CVC 设立的战略目标主要是配合母公司的长期发展战略，以投资方式驱动创新与模式扩张，如横向扩张提高市场占有率、围绕产业链投资加深产业链布局、生态投资形成产业生态圈等，并依托母公司的业务优势为被投创新企业提供独特的增值服务。其资金往往来自企业内部自筹，无投资期限限制。近年来，我国风险投资界，CVC 规模迅速壮大，头部企业开始利用股权投资方式达到战略驱动、核心业务赋能、新兴行业布局等目的。

头部企业进行风险投资的主要渠道是建立创新投资基金。创新投资基金的投资一般分为创意孵化和产业创投两个阶段。创意孵化是指通过成立天使投资和创新创意孵化平台等方式，为拥有优秀技术创新方案的企业内部或外部人员提供实践平台。1956 年，美国的乔·曼库首次提出孵化器的概念，这是一种着力培育创新型、技术密集型小企业，优化企业创新环境，降低企业创新风险，助力企业持续开展技术创新的高效组织形式，其主要应用对象为正在成长和壮大的中小企业。产业创投是以由初创期过渡到成长期的创新企业为投资对象，以企业独资或与社会资本合资等形式成立的创新投资基金，面向特定产业的创新企业进行投资，推动创新产业的发展并获得收益 [75]。

（2）股权投资

股权投资环节是"募、投、服、管、退"中最具决定性意义的一环。科技股权投资可以分为不同的阶段，各阶段对于"投"这一环节的关注点略有不同，但殊途同归，都是要筛选出优质的项目，并做出合理的交易结构设计，完成投资。如果将一家企业的生命周期划分为种子期、初创期、成长期、成熟期、扩张期、退出期的话，与各个阶段相对应的直接融资形式为种子轮、天使轮、A 轮、B 轮、C 轮、D 轮、E 轮、F 轮、IPO。在实际中，企业在各个阶段的划分不是特别清晰，有些轮可以省掉或者多做几次加轮。

总体而言，种子期的项目往往只有一个想法和初始团队，创新价值能否实现具有高度的不确定性，需要通过一段时间的实践来检验。这一阶段尝试和探索所需的资金量较小，且项目越早期风险越大，因此天使轮的金额一般较小，股权占比一般在 20%~30%。成长期则是一个项目经历过天使期的实践后，探索到一条有较大可行性的道路，从市场反应中看到了希望。企业进入成长期以后，战略基本成型，准备着手投入资源，其中资金是关键资源。但企业自身的资源不足以支撑其发展，需引进外部资源。对投资机构或投资人而言，企业战略所隐含的关键性假设已经通过市场验证，此时可对项目进行理性分析，并能够对面临的风险进行相对准确的评估。

投资必然要承担风险，投资人需要在经过各方面的考量后，选择成功概率大的项目。投资过程中，投资人会根据流程中的关键点开展项目立项、项目调查、风险评估、投资决策等工作。考夫曼基金会的一项评估显示，在美国每年新成立的约 60 万家公司中，只有不到 1% 的公司能得到风险投资[76]。可见，风险投资对目标的选择必须是优中选优。通常来讲，在风险投资领域，科技创新公司的"团队、市场、技术"是最关键的考量因素（图 5-6）。专业的科技创新投资风险评估团队决定了投资的成功率，技术评估居核心地位。团队能否支撑技术、技术及产品能否支持市场、市场容量是否足以成就一家伟大的企业，三者的关系如同双向多米诺骨牌，后者是前者的支撑，前者能否站得住脚又直接影响后者的价值是否有实现的可能性与必要性。

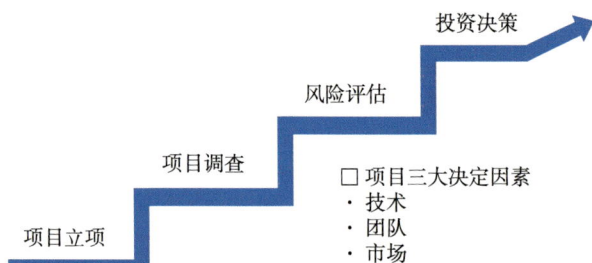

图 5-6　投资决策流程

（3）增值服务

主要是指投资方借助各类资源为被投资企业在人力资源、市场开发、技术研发、财务管理、内部运营、公司治理、战略规划、后续融资，甚至最终的并购、上市等企业发展的全生命周期提供全方位服务。

对处于早期的企业来说，它们往往势单力薄、资源有限。投资机构相当于被投企业的半个合伙人，如果能拉它们一把，帮衬一下，无论是介绍上游资源、下游客户，抑或引入政府政策的补贴等，对企业发展可能都会产生重要影响。对处于早期的企业来说，增值服务甚至比风险管控更为重要。

对头部建筑企业而言，可利用全产业链优势，为被投企业提供全方位的产品和服务使用场景、丰富的上下游资源和客户以及企业和项目管理经验等。

（4）投后管理

投资人通过日常投后管理工作掌握被投资企业的潜在风险与机会，不仅可以防控风险，起到风险预警的作用，还可以根据企业的经营情况选择更合适的退出时间点。

投后管理重点是做好风险管控工作，需要安排人员定期或不定期地了解企业（项目）的动态信息，寻找潜在的风险坍塌点，以便在"雪崩"发生之前通过征兆及时退出。关注的信息涉及团队动态，包括创业团队是否另立门户、核心成员是否有变动、管理团队中是否有不团结的情况等；业务动态，重点关注研发进度是否符合预期、市场开拓是否顺利、约定的里程碑是否达到；财务状况；国家政策、法律法规和行业重大变化等。

（5）项目退出

在风险投资领域，"投"是为了"退"，投资在完成历史使命后就应该及时退出。退出是指股权投资机构在其所投资的创业企业发展相对成熟后，将其持有的权益在市场上出售，以收回投资并实现投资收益。退出是股权投资的终极目标，也是判断一个投资机构盈利情况的重要参考[77]。常见的退出方式主要有企业 IPO、并购退出、新三板挂牌、股权转让、企业回购、借壳上市、清算退出等，如图 5-7 所示。投资退出并不是只限于项目亏损时的被迫行为，而应该是在投资时就主动确立的一个发展战略。如何选择适当的时机适当的途径，顺利实现投资退出，使投资项目不仅有一个良好的开始，更有一个完美的结局，对于投资机构来说至关重要，投资项目只有做到有进有退，才能回笼资金，并抓住新的投资机

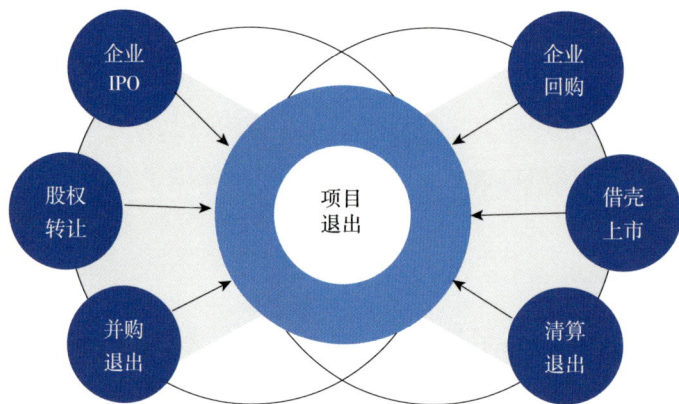

图 5-7　投资机构项目退出方式

会顺利进行下一轮投资计划，实现投资的良性循环和增值，进而优化投资结构，控制投资总量[78]。

5.3.4　科技创新投资比较优势

从根本上杜绝伪创新，让技术成果转化具有原生动力。在进行风险投资之前，风投机构会对目标项目进行更加全面的筛选评估，在以股权投资的方式为企业提供资金后，通常会派遣机构人员进入被投企业的董事会、监事会对企业进行监督管理。当被投企业的市场价值与风险投资的预期价值相符时，风险投资多会选择通过 IPO 或售出等方式来退出被投企业以获取投资回报，再利用从上个项目收回的投资资金对下一个拟投项目进行投资。被投资者为了吸引投资，穿越"死亡之谷"，将不遗余力地进行科技创新，形成产品或者服务，推向市场，取得收益。

有利于创新要素高度聚集，解决科技创新资源分散问题。风险投资作为一种权益性资本，与企业共担风险，好项目自然能够吸引投资。风险投资在企业选择中可能更倾向于创造性高、具有创新底蕴的技术型企业，反之，好的项目能够筛选资金，同一个项目吸引不同的主体都能投资。

新型举国体制下产学研用合作有了经济基础。头部企业拥有雄厚的资金和全产业链资源整合能力，能利用全产业链优势提供全方位的应用场景，在为项目带来资金流入的同时，还可以提供具有高附加值的非资本性增值服务，吸引上下游企业、高校、科研院所协同创新。

5.3.5　企业科技创新投资策略

除了考虑不同企业规模、技术创新的阶段性特征以及资金的来源特点，还应合理制定科技创新投资策略，以最低的投入获得最高的利润。

（1）适度投入基础研究和应用基础研究争夺行业话语权

我国的大规模基础设施建设晚于欧美发达国家，建筑企业科技创新活动主要属于"模仿创新"，尚缺乏自主"原始创新"的实践活动。进入新的发展阶段，对于头部建筑企业，若没有深厚的基础研究作为基础，技术创新活动将大面积触碰天花板，进而限制企业发展。头部建筑企业应积极融入国家战略，积极争取政府资金支持开展基础研究和应用基础研究，并落实企业配套资金。科技部指出，2022 年国家重点研发计划中企业参加或牵头的项目占比已接近 80%，并且将继续推动更多企业牵头组织国家科技计划项目，也鼓励更多的企业提出科技需求，发挥企业出题人、答题人以及阅卷人的作用。特别是行业头部企业，要通过基础研究和应用基础研究引领行业发展，掌握行业话语权。

（2）大力投入技术、产品开发研究建立行业技术壁垒

建立市场壁垒可提高企业竞争优势，提高其他竞争对手进入市场的难度，减少新进入者对企业的威胁，使企业保持长期稳定的市场占有率，并能有效吸引外部资金投入。建筑业市场竞争异常激烈，加之建筑行业和企业转型升级迫在眉睫，建筑企业应加大产业化创新项目研发投入，在技术研发及产品开发阶段，主要依靠自身持续大力投入人力、财力，促进技术研发尽早实现产业化落地，高筑市场壁垒。

以 BIM 软件为例，中国拥有最大体量的建筑市场，但对比国内外典

型的 BIM 应用软件和成熟度，排名前 7 的 BIM 软件均为国外软件，排名靠前的国内 BIM 软件均为中小企业二次开发（表 5-2），缺乏核心技术，受制于人，难以形成国际竞争力。究其原因，BIM 软件是从汽车、航空等先进制造业起步并拓展而来，从二维和三维 CAD 逐步演化、技术积累，再扩展到现在的多维 BIM 技术。近年来，我国制造业的长足发展为 BIM 软件的研究开发提供了有利土壤，但受限于这种小而多的局面，国内企业尚无法形成像 Autodesk 这样集成式的软件开发商，能够针对 BIM 行业的开发和研究提出新颖的解决方案，改变行业运行规则。目前，国内软件开发商对 BIM 的研究多侧重于单点或某几个点的开发应用，而对 BIM 宏观规划、未来 "BIM+" 的研究投入偏少。此外，国内软件商与施工方、甲方相比地位差距很大，研发人才匮乏，难以提出解决工程问题的新概念和新思路，更难以成为现实。目前 BIM 软件的技术发展与赶超依然任重而道远，其挑战来自于技术供给侧相对落后的国产软件核心技术水平，以及在市场需求侧建筑业对现代化管理水平的追求[79]。

世界领先的 BIM 软件企业 表 5-2

名称	国家	系统平台和二次开发
Autodesk	美国	系统平台
Bentley	美国	系统平台
Trimble	美国	系统平台
Archibus	美国	系统平台
AVEVA	英国	系统平台
Nemetschek	德国	系统平台
Dassault System	法国	系统平台
广联达	中国	二次开发
鸿业科技	中国	二次开发
清华斯维尔	中国	二次开发

（3）持续投入市场应用研究培育"专精特新"企业

科技成果的市场应用由科创企业来推动，在成果转化过程中，现有资本市场由于较高的上市门槛与较长的上市周期，难以满足大多数科创企业的融资需求。在新产品和新工艺推广阶段，企业依靠持续的资金支持，才能加速技术更新、吸引用户、培育市场、抵抗模仿者并在早期市场中存活。对于头部建筑企业而言，要保持核心竞争力，需通过耐心的科技创新投入，提高科技成果转化的效率，培育"专精特新"企业，回收科技创新投入，并创造利润。

在"专精特新"企业发展过程中，政府部门、科研院所、金融机构、行业头部企业及专业化服务商共同构建了多元化的企业服务生态，如图5-8所示。其中，政府侧一方面以认定奖励、资金补贴、资源倾斜等方式直接支持"专精特新"企业发展；另一方面，通过政策引导、建设精准对接服务平台并以提供机构补贴、研发补贴、购买服务、风险共担等形式，鼓励各类机构为"专精特新"企业提供人才、技术、资金、市场及其他专业化服务。科研院所多在人才、技术等领域以项目合作、平台共建等形式与"专精特新"企业合作。金融机构为"专精特新"企业成长的不同阶段提供相匹配的科技金融服务。行业头部企业除单独培育自己的"专精特新"企业外，还可以联合（入股）的形式与"专精特新"

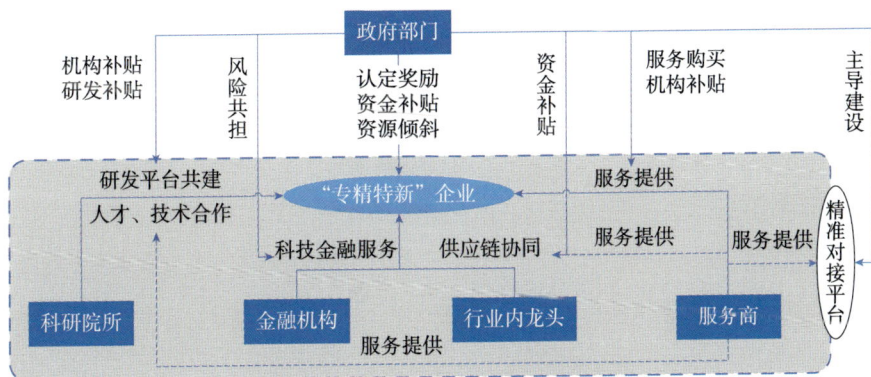

图 5-8　"专精特新"企业服务生态

企业形成供应链协同。专业化服务商则直接为"专精特新"企业提供数字化、绿色化、创新创业等服务，或通过参与、支持科研院所、行业龙头与"专精特新"企业合作的方式，共同构建服务生态[80、81]。

（4）着力补齐企业和行业技术短板降低生产成本

当竞争对手建立了"他有我无"的技术壁垒，又具有广阔市场空间时，头部企业应坚决投入，打破对手技术壁垒，降低生产成本，并迅速占领市场。

在曾经尚无国产盾构机、国外盾构机垄断的情况下，一台盾构机的价格高达 3 亿元，工程建设成本巨大。为了攻克盾构机核心技术，中铁隧道局集团投入巨资，着手盾构产品的技术研发，并成立盾构研发机构，参与"6.3m 全断面隧道掘进机研究设计""盾构掘进机刀盘刀具与液压驱动系统关键技术研究及其应用""砂砾复合地层盾构切削与测控系统关键技术研究及应用""大直径泥水盾构消化吸收与设计""复合盾构样机研制"等国家 863 计划，进行盾构相关技术的研发，最终"中国中铁 1 号"盾构机得以问世。经持续性攻关研发，国产盾构机产品不断迭代，产品价格维持在 3000 万元左右，占据较大的市场份额。中铁隧道局集团、中铁装备工程集团通过自主科技创新，攻坚克难，研发国产盾构机，在实现核心技术国产化的基础上，降低了盾构机的生产成本，提升产品科技附加值，实现科技创新效益。

（5）强化技术和市场论证降低科技投资风险

企业面对繁杂的技术和有限的资本市场资源，为降低科技创新投资风险，对技术本身的可行性和市场价值分析与评估尤为重要。一是对技术本身先进性、可靠性、实用性的评估；二是对技术价格的评估；三是对技术市场前景和市场风险的评估。企业是科技创新的主体，应以市场为主导，建立科学的企业科研成果评价机制，大体分为三个层面：第一个层面是内部技术转移与知识产权部门，从各团队科研项目中筛选出市场潜力大、技术成熟、转化实现可能性高的项目；第二个层面是内外部专家把关，在征求一线技术工作人员意见的基础上，由各领域专家对科研项目进行专业性审查；第三个层面是市场把关，由企业高管对项目方案进行审议并公示。当项目在各层面无异议时，方可进行项目产业化，最大限度降低科技创新投资风险。

| 第 6 章 |

头部建筑企业科技创新实施建议

新型举国体制下，头部建筑企业应推动创新链产业链资金链人才链深度融合，通过知识、技术、资本、人才、制度等要素的合理有效配置，提高科技创新效能，可确立"实施大项目，真正大投入，凝聚大团队，构建大平台，实现大转化，做出大贡献"的思路，立足产业发展实际，以建筑工业化、智能建造、绿色建造等项目为切入点带动大投入，发挥资本的力量来驱动科技创新发展，实现科技、金融、产业的良性循环；以大投入支撑形成高效能科研大团队，做实构建层级高、实力强、创新优、水平高的大平台；以大平台推动转化一批产品或实用技术，促进工程建设提质增效，实现创新价值提升；最终为企业发展、行业发展及社会发展作出大贡献。

6.1 实施大项目

实施大项目是科技创新的出发点和落脚点，是提升科技创新效能的切入点，因此，首先要抓大项目和大投入。头部建筑企业要强化以市场为导向的技术创新，围绕建筑工业化、智能建造、绿色建造等行业转型升级的重大方向，设立科技课题和产业化大项目（图6-1）。

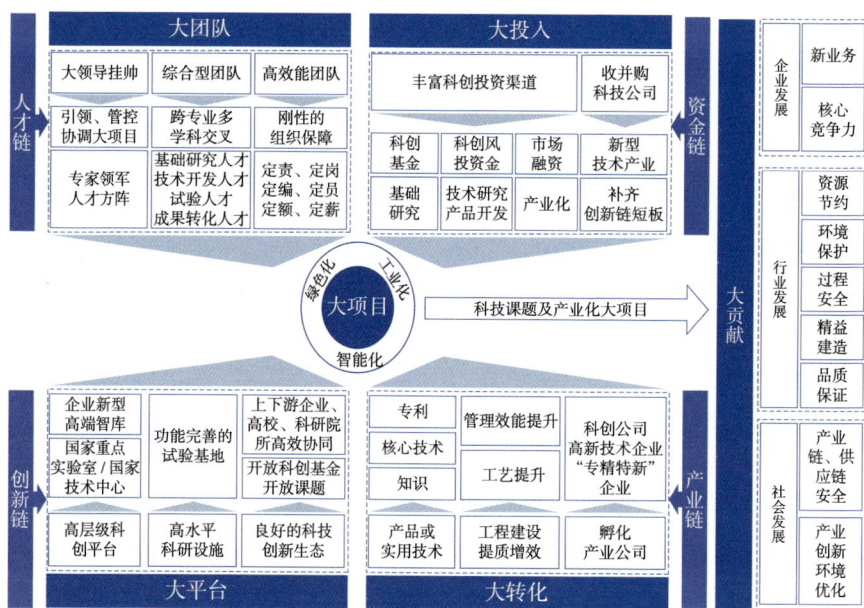

图6-1　头部建筑企业科技创新实施建议路径

（1）建筑机器人

建筑机器人代替或辅助人工作业，既能保障工人生命安全，又能提高建造施工的效率。我国建筑机器人的发展还处于初级阶段，尚未形成统一的规模化生产，目前建筑机器人在空间规划、多传感器应用、非稳定基础的精确作业、机器人施工工艺、多机调度协同作业等一系列关键技术上有待进一步突破。以建筑机器人项目为切入点进行攻关，其产业空间不可限量。

（2）智能工地 / 工厂

基于新一代信息技术实施智能工地、智能工厂等智慧化项目，提高工程建设过程的智能化水平。智能工地依托物联网、互联网、BIM 等技术，以建设项目现场为核心，围绕施工现场的人、机、料、法、环等各环节，改变施工现场管理的交互方式、工作方式和管理模式，实现工程建设的智能决策、控制和管理。智能工厂通过将互联网、物联网技术与机械化、智能化制造技术深度融合，实现工厂生产排产、物料采购、生产控制、构件查询、构件库存和运输的信息化管理及智能化管控；利用高度自动化的（柔性）生产线，实现建筑材料、机械装备和部品部件批量自动化生产，同时利用智能安装机械和建筑机器人，实现部品部件精确快速安装。

（3）行业大模型

利用 GIS、BIM、DT、XR 等现代化信息技术对工程项目建设全过程、全系统进行智能管控，搭建全生命周期管理系统，建立在线数字仿真技术、多源数据融合技术、多尺度建模技术与三维可视化技术为一体化融合的"数字孪生"体系，构建工程项目全过程、全要素、全参与方的泛在连接和协同，完成工程项目的设计、施工、运维乃至项目全生命周期各个阶段数据的关联和复用。基于工程项目的全生命周期管理系统，构建利用行业知识库，利用大型语言模型（LLM）、深度学习算法、算力基础设施等建立行业大模型，利用数字技术为工程项目的规划设计、生产建造、运维养护等构建智能化落地场景，助力实现工程规划的智能决策、勘察设计的智能化推荐、工业化生产的智能化调度、工程施工的智能控制、工程结构损伤的智能识别与预警等。

（4）部品部件柔性智能生产线

部品部件柔性智能生产线是智能工厂的重要组成部分。借鉴制造业先进的柔性生产技术，部品部件的加工图在建筑信息模型中直接生成，改变传统图纸的二维关系，将离散的二维图纸信息集中在模型中，从而加强设计和生产的协同和对接，提高部品部件生产的总体效率，解决生产线适应性差、生产方式硬性化的问题，丰富同种生产线的产品类型，实现同时兼容多种标准化部品部件生产的模具及与之匹配的自动化程度较高的"柔性"流水线。目前，部品部件柔性生产线的智能化程度不高，亟待发展。

（5）建筑绿色能源

建筑行业是能源消耗与碳排放的重点行业，利用太阳能、风能、地热能等清洁能源实现建筑工程绿色能源供应，发展"分布式新能源＋储能＋微电网"的工程智慧能源系统示范工程；围绕工程设施场景的用能需求，充分发挥工程红线范围内的可用土地及空间资源，结合自然资源禀赋，规划建设光伏、小型风电、生物质发电等清洁能源微电网工程，实现多能互补综合能源供应；根据结构特性与供暖制冷需求，建设地源热泵供冷供热系统，实现工程结构冷热源清洁供应；促进建筑业与能源一体化融合，规划"源－网－荷－储"体系，通过储能技术的调配能力，弥补可再生能源不稳定供应，同时提升可再生能源对负荷动态变化的匹配性，建设灵活柔性清洁的新型供能网络。

随着云计算、人工智能等信息化技术与建筑业的加深融合，建筑业的创新项目、创新产业不止于此，将开辟更多产业"新赛道"。建筑企业抓住数字科技的浪潮，通过设立创新大项目，挖掘更多产业机会。

6.2　真正大投入

以"科技＋金融＋产业"的方式，发挥资本的力量，驱动科技创新发展，从根本上解决研究空洞化、科研组织虚无化、技术转化不落地不挣钱的问题，这是提升科技创新效能的物质基础。

（1）丰富企业科技创新投入渠道

设立科技创新基金并实质运营，积极争取政府公共财政资金的支持，聚焦基础研究阶段的科技创新活动，以"经费"形式支持企业相关研究机构，让科研人员实实在在拿到科研经费。

设立企业科技创新风险投资专项资金。在技术研发和产品开发阶段，企业的生产设备，产品的反复设计、试验和评估，以及大量的试错等都需要大量的资金投入。资金投入的规模极不确定，成败不确定性高，应以风险投资和战略投资作为主要资金来源。企业可使用自有的非金融资金投资来配合公司的长期发展战略，以投资方式促进企业创新，驱动科技成果转化。同时积极引入风险投资，让资本来选择项目，分担风险。

充分利用资本市场机制，在产业化阶段，利用技术成果在金融市场进行融资。积极依托国家科技创新金融体系，发挥资本市场促进创新资本形成的机制优势，主动对接资本市场，吸引风投、信贷、保险等资本市场目光，通过金融的"活水"作用，促进"科技—产业—金融"的良性循环，以资本的力量推动科技创新工作成果迅速市场化、产品化和效益化。

（2）收并购科技公司补齐创新链短板

创新不必"从 A 到 Z"完全自主，头部建筑企业要根据自身的优势业务领域和优势技术，有针对性地选择相关技术，如建筑机器人、智能柔性生产线等新兴技术产业，借助并购来获取、补充与完善自身的技术领域和产品线，推进企业技术创新能力提升。

6.3　凝聚大团队

人才是科技创新的第一资源，要以大投入支撑形成素质能力强、科研效能高的科研大团队。

（1）构建大领导挂帅的科研大团队

构建大领导挂帅、技术专家任主将的科研大团队。发挥企业家科技创新引领作用，企业"一把手"的战略决策决定了企业科技创新的上限，企业家要在企业科技创新体制机制改革、科技创新投入方面发挥战略决策作用。对于战略性重大科技创新项目，主要领导应亲自挂帅，发挥引领、管控、协调作用。

积极发挥技术专家的领军作用，全方位选好、育好、用好高技能"工匠"和高层次科技领军人才，为科技领军人才和创新团队营造良好的创新环境，建设一支敢于攻关、善于攻关、勤于攻关的科技人才方阵。

（2）凝聚综合型科研大团队

打造一支专业素质过硬的综合型科研大团队，聚集土木、金融、信息技术等专业的基础研究人才、技术开发人才、试验人才、科技成果转化人才，组建跨专业多学科交叉的综合型科研大团队。

在人才遴选制度上，强化对既懂管理、又懂业务、还懂科技创新的综合型人才的培养和提拔，让想干事、能干事、干成事的科技领军人才脱颖而出，保证科研资源优先向优秀科技人才倾斜。

（3）打造高效能科研大团队

科研大团队的建立，要有正式机构并形成刚性的组织管理模式，以确保重大科研项目、重大产业化项目的有效开展及顺利实施。

要明确机构与人员管理，以定责、定岗、定编、定员、定额、定薪作为组织保障，保障科研人员工作有条件、干事有平台、待遇有保障、发展有空间。

要明确目标成本责任，以责、权、利相适应为基础，既要赋予科研人员更大的资源配置自主权，又要强化目标责任，谁主导研发路线，谁对成本负责，确保项目按时、按质地交付成果。

要明确技术指标及经济指标，针对不同的科研项目制定合理的指标考查体系，包括技术性能指标、知识产权指标、经济效益指标、社会效益指标、创新水平指标等，确保科研成果的先进性及效益性；同时，以创新成果目标为依据，明确科研人员的胜任力目标，确保科研人员能按时按质按量完成任务。

要明确考核机制和考核目标，制定完善的、多维度高层级激励，既要重视基本的物质保障，绩效分配向承担科研任务较多、成效突出的科研人员倾斜；也要强化尊重感、环境保障、人才荣誉奖励等高层次需求的满足。

6.4 构建大平台

发挥头部建筑企业的产业链优势，做实科技创新"大平台"。平台之"大"，体现在平台层级之高、硬件实力之强、创新生态之优、人才实力之强及产业孵化水平之高。

（1）构建高层级科技创新平台

一是重点建设国家重点实验室、国家技术创新中心等高层级高水平创新平台。

配备专职的研发人员，给予专项资金，通过整合内部研究资源，确保研究方向代表企业最高技术水平。积极发挥国家创新平台的战略支撑作用，在制约产业自主发展的"卡脖子"关键核心技术上、关乎国家安全的重大战略领域上、蕴含巨大经济社会价值的创新发明上，布局设立一批重量级自主创新任务。

强化高水平创新平台的资源保障和制度保障。强化资金保障，优化投入结构，形成持续稳定的投入机制，维持国家实验室稳定发展；强化人才保障，破除引才用才桎梏，吸引一流的科研人员和管理人才，确保实验室的科技创新能力和运行效率；完善科技成果转化制度，提高在科技成果创新度、有效解决国家需求、形成产业新标准、养成战略科技队伍等方面的评价权重，提高科技成果供给质量。

二是建立企业新型高端智库。

紧贴国家、行业和企业发展需求，建立以行业和企业发展研究为特色的决策支持服务科研业务体系，形成多学科交叉、科技与经济融合的特色专业优势。强化智库数据支撑，以数据和信息开发为基础，把丰富的信息资源、数据等转化为建设高端智库的基础支撑。做好高端智库人才建设，抓好企业人才信息智库建设，通过多种渠道及方式培养、选拔、锤炼具有国际竞争力的高端智库人才。

（2）搭建高水平科研基础设施

建立功能完善的试验基地，针对产业发展的战略与方向，加强顶层设计，优化平台布局，搭建先进的试验设备和试验平台。加强中试环节设施建设，完善中试基地、试验工厂与测试平台建设，培养专家型实验及试验人才，加速技术成熟和转化。

强化科研基础设施的运行和维护，通过列支折旧费、科学测试设施使用成本等资金管理机制，强化科研基础设施运行维护、升级改造资金的支持力度，通过机构稳定经费、项目经费等多种渠道，拓宽设施运行资金来源，促进科研工作者利用大型科研基础设施开展高水平科学研究，避免大型科研基础设施闲置浪费，提升设施的使用效率。

（3）构建良好的科技创新生态

一是设立开放科技创新专项资金和开放课题。设立开放科技创新专项资金，解决内外部机构协同合作中的资金问题。针对不同的科技项目类型和产学研合作模式，合理分配科技项目在不同阶段的资金支持和投入比例。设立开放课题，借助外部高层次优秀人才的力量，开展创新性研究，提高平台科研水平。通过设立类型多元化课题，解决面向国家需求、产业发展中的技术难题；规范课题经费管理及评价指标，吸引更多高层次人才参与平台创新研究。

二是联合上下游企业、高校、科研院所构建高效协同的科技创新生态。树立积极的产学研合作意识，创新不能束之高阁、"闭门造车"，头部建筑企业应发挥自身优势，引入"源头活水"，以合作创新代替单一化创新，同时建立长效的科技创新激励机制，改变企业"重收益、轻创新"的思想。选择有效的产学研合作模式，在基础研发阶段，考虑采取政府主导型的合作模式；在应用开发研究阶段，充分整合各方资源，考虑采取技术转让或委托开发的合作模式；在商品化及产业化阶段，充分发挥企业对于市场需求更为敏锐的优势，考虑采取企业主导型的合作模式。构建共享的产学研合作信息渠道，建立面向市场的、规范的、完善的产业发展信息交流平台，将生产经营中遇到的技术难题及时反馈给有相关研究基础的高校院所，促进高校院所与企业之间的有效沟通；强化资源共享，产学研合作各主体联合创建一支长期合作和交流的人才队伍，注重整合跨学科人员，在提高人才优势的同时，实现资源共享。

（4）形成强大的研发和产业孵化能力

一是坚决完善产业化功能，拥有专业产业化人才和专门科技成果转化机构。

建设以战略科学家、院士、"专精特新"人才、学术和技术带头人为依托的高端人才团队。以重大创新平台涵养高端人才，人力要素方面，依托平台引才引智，增强人才虹吸效应；物力要素方面，建立高端人才科技创新保障机制，在资源、设备、资金等要素上给予支持，健全以实绩论英雄、跟能力相匹配、与贡献相挂钩的人才激励机制；环境要素方面，用足用好各级各类人才、产业政策，打造产业生态，增强人才集聚效应；同时，以人才引领创新驱动，通过高端人才团队激发企业创新平台主体活力，形成人才集聚与平台发展"同频共振"的良好局面。

设立专门科技成果转化机构，提供科技成果转化场景，新技术新产品内部市场先行先试；全面实施科技创新全生命周期评价，评价的目的是选择有市场化、产业化前景的科研项目，并提供融资咨询、市场咨询等成果转化服务；打通成果转化上下游服务链条，探索建立研发创新、小试中试、产业基金、产品推广、展览展示、技术交易等"一站式"服务模式。

二是强化与风险投资的结合，拥有专业科技金融人才与科技创新（风险）投资机构。

培养、引进专业的科技金融人才。加大对科技金融人才建设的投入力度，支持一定数量资金集中用于高层次科技金融人才队伍的建设，探索设立科技金融人才培养的专项基金和高层次人才引进基金，形成专业的科技金融人才团队。

设立科技创新投资机构，助力科技创新产业化落地，资金支持对象既包括企业内部创新创业，也包括外部战略合作企业的创新产业，以提升全产业链整体科创效能；强化与风险投资的结合，发挥风险投资机构对早期科创企业的支持作用。建立健全风险共担、利益共享机制，通过创业者收入与现金流绑定、分期融资等途径，加强投资者保护的同时强化对初创者持续做大做强的激励。

6.5 实现大转化

科技成果转化是加强科技与经济紧密结合的关键环节，科技成果只有转化才能真正实现创新价值。科技成果既可通过技术产品、知识、信息实现价值提升，也可通过服务、管理、工程、资本等方式创造价值。

（1）转化一批产品或实用技术

推动产品或实用技术转化，将先进技术成果转化成可为客户提供价值的新产品或服务，以此创造新的市场机会和商业模式，提高经济效益。

推动服务技术转化，将先进技术成果转化为满足客户需求的综合性服务，并通过不断的技术变革和技术迭代，实现重大"卡脖子"技术突破。

推动知识型转化，将先进技术成果转化为图书文献、知识、信息、专利等，利用知识、信息开展对外交流与传播，建立良好的公共关系；通过专利经营及专有技术转让，实现科技成果的商业价值。

（2）实现工程建设的提质增效

以技术创新推动工艺提升，驱动工程建设实现效益、安全、品质、绿色、智慧化的提升。技术创新对经济效益的驱动是利用新知识和新技术开发新的生产方式及生产工艺，提高建筑业生产效率，实现经济总量的增加；对安全的驱动作用是利用新技术、新工艺消除传统建造过程中的安全隐患，实现建造过程的安全可控；对品质的驱动是利用新技术在设计阶段减少建筑产品的品质缺陷；对绿色发展的驱动是利用先进的工艺、技术及流程，提高资源利用率，减少能源消耗，降低碳排放；对智慧化的驱动作用是对决策、管理、设计、施工及运维等环节的智能化升级。

以数字技术赋能项目管理，利用数字技术对工程要素数据进行采集、存储、集成、共享、分析，让数据服务于项目决策、设计、施工组织优化、风险控制、安全管理、质量管理、运维养护等多环节，实现对项目开发、设计、生产和施工、运维全过程的智能化管控，提升传统项目管理效能。

（3）孵化一批产业公司

利用企业创业投资基金，在产业基础领域补短板、锻长板，孵化和支持科创公司。做好科创企业培育梯次计划，针对不同成长周期的企业，探索尝试不同梯次培育路径，加强研发投入及资金支持，助力增强企业发展持续力和生命力；对于成长期高新技术企业，鼓励自主创新激励，完善知识产权保护，引导提升核心竞争力；对于成熟期"专精特新"企业，加大高端人才引进，强化对外交流合作，以提升引领产业发展的领导力。

6.6　做出大贡献

头部建筑企业是国家战略科技力量的重要支柱和骨干力量，要坚定实施创新驱动发展战略，通过科技创新驱动企业高质量发展，引领行业技术进步。要发挥新型举国体制集中力量办大事的优势，集中智慧突破关键核心技术，集中力量打好关键核心技术攻坚战，集中资源保障产业安全发展，在战略必争领域实现自主可控，为实现科技自立自强贡献力量。

（1）以科技创新为企业发展作贡献

培育新的业务，开拓新的市场。应牢牢把握新一轮科技革命和产业变革的机遇，充分利用新一代信息技术，以智能建造、绿色建造、建筑工业化转型升级为突破口，开拓建筑机器人、建筑传感器、智能工厂、智能特种装备、平台经济等新型产业市场，为企业创造巨大经济效益。

培育企业核心竞争力，让技术成为企业市场竞争之利器。"人无我有，人有我优"的技术是企业在存量时代核心竞争力和生存发展的生命线。要以科技创新支撑企业从低价放量转向价值创造，从横向扩张转向向上提升，从同质化竞争转向差异化竞争，建立难以被复制和赶超的竞争优势。

（2）以科技创新为行业发展作贡献

引领行业技术的整体进步，促进行业良性发展。通过新材料、新装备、新技术的科技创新，推动工程建造以品质和效率为中心，向绿色化、工业化和智慧化程度更高的新型建造方式发展，推动建筑业由劳动密集型生产方式向技术密集型生产方式转变，实现建筑业的资源节约、环境保护、过程安全、精益建造以及品质保证，促进行业发展质量提升。

（3）以科技创新为社会发展作贡献

攻克关键共性技术，切实保障产业链供应链安全。围绕国家战略发展需求，按照"锻造产业链供应链长板、补齐产业链供应链短板"的思路，布局事关建筑业产业安全的关键核心技术，突破产业安全发展的关键技术瓶颈，提升重点产业创新能力与核心竞争力，化解产业潜在风险，形成具有更强创新力、更高附加值、更安全可靠的产业链供应链，切实保障产业链供应链安全，为建设国家重大工程提供技术保障。

产业创新发展环境持续优化。发挥头部建筑企业作为现代化产业体系建设主力军和"领头羊"作用，优化产业协作模式，协调产业链不同主体的利益分配，深化更广范围、更大规模协作，降低组织生产运营成本，构建不同价值链相互交织、协同互助、连接紧密的价值网络，让产业链上"共生空间"的不同主体协同发展、共创价值，构筑具有世界竞争力的产业生态。

参考文献

[1] 彭富国.中国科技政策发展阶段研究 [J].湖南社会科学，2006（6）：25–28.

[2] 李正风.中国科技政策 60 年的回顾与反思 [J].民主与科学，2009（5）：20–23.

[3] 沈梓鑫.中国共产党百年科技思想与发展战略的演进 [J].财经问题研究，2021（12）：12–20.

[4] 戈钰.中印科技政策发展对比 [J].青春岁月，2012（2）：241，240.

[5] 刘凯鹏.邓小平科技思想与中国科技政策的转型 [C]// 中共中央文献研究室个人课题成果集 2014 年（上）.2015：16.

[6] 洪蔚.改革开放以来科技政策大事记 [N].中国科学报，2012–03–05（008）.

[7] 刘建城.新时期党的科学技术思想演进研究 [D].广州：华南理工大学，2014.

[8] 李键江.新时代中国共产党科技强国思想研究 [D].广州：华南理工大学，2022.

[9] 冯华，喻思南，谷业凯，等.必须向科技创新要答案 [N].人民日报，2023–05–29（001）.

[10] 佚名.必须向科技创新要答案：习近平总书记推动科技自立自强战略擘画 [J].中小企业管理与科技，2023（11）：1–11.

[11] 雷小苗.社会主义市场经济条件下科技创新的新型举国体制研究 [J].经济学家，2021（12）：14–21.

[12] 佚名.科技部、国务院国资委举行工作会商 [J].铁路采购与物流,2023,18（5）: 17-18.

[13] 丁烈云.数字建造的内涵及框架体系 [J].施工企业管理,2022（2）: 86-89.

[14] 陈玉伟.对我国建筑技术发展趋势的探讨 [J].科技资讯,2008（6）: 83-84.

[15] 罗福午.土木工程的历史发展 [J].建筑技术,2002（6）: 460-462.

[16] 杨涛.建筑形态演进的科技动因 [D].天津:天津大学,2012.

[17] 吕爱民,项秉仁.生态建筑的数字化建构 [J].新建筑,2005（6）: 7-9.

[18] 张家博.路径:建筑的思维与建构 [D].天津:天津大学,2010.

[19] 李春利,高良谋.第四次工业革命背景下技术 – 组织 – 管理范式研究 [J].当代经济管理,2023,45（11）: 23-31.

[20] 丁烈云.数字技术为工程建造转型升级提供新机遇 [J].施工企业管理,2022（1）: 82-5.

[21] 王凯,梁建楠.供给侧结构性改革下建筑工业化技术创新发展及实现路径 [J].西安建筑科技大学学报（社会科学版）,2019,38（5）: 59-66.

[22] 毛志兵.科技创新引领行业高质量发展:2021新年寄语 [J].施工技术,2021,50（1）: 1-4.

[23] 陈刚,赵志耘,许端阳.科技创新支撑经济发展方式转变的动力机制 [J].中国科技论坛,2014（6）: 5-8.

[24] 彭剑锋.超越竞争:以量子战略思维定义未来 [J].中外企业文化,2017（9）: 40-47.

[25] 中国建筑业协会.2022年建筑业发展统计分析 [J].工程管理学报,2023,37（1）: 1-6.

[26] 人民政协网.习近平主持中共中央政治局第三十六次集体学习并发表重要讲话 [EB/OL].[2022-1-25].https://www.rmzxb.com.cn/c/2022-01-25/3036823.shtml.

[27] 中国建筑节能协会,重庆大学城乡建设与发展研究院.中国建筑能耗与碳排放研究报告（2022年）[J].建筑,2023（2）: 57-69.

[28] 肖绪文,冯大阔.国内外绿色建造推进现状研究 [J].建筑技术开发,2015,

42（2）：7–11.

[29] 常可可，陈雷雷，周若男，等.极端环境表面工程及其共性科学问题研究进展 [J].中国机械工程，2022，33（12）：1388–1417.

[30] 王玲.极端环境下长寿命混凝土用化学外加剂的研究 [J].混凝土世界，2021（9）：34–38.

[31] 常可可，王立平，薛群基.极端工况下机械表面界面损伤与防护研究进展 [J].中国机械工程，2020，31（2）：206–220.

[32] 赵勇，石少帅，田四明，等.川藏铁路雅安至林芝段隧道建造面临的主要工程技术难题与对策建议 [J].隧道建设（中英文），2021，41（7）：1079–1090.

[33] 肖绪文.智能建造：是什么、为什么、做什么、怎么做 [J].施工企业管理，2022（12）：29–31.

[34] 雷云霞.新型建筑工业化发展制约因素及提升路径研究：以沈阳市为例 [J].建筑与预算，2022（9）：7–9.

[35] 卓健.从"单数城市"到"复数城市"：大型交通基础设施的绿色人本规划设计策略 [J].规划师，2020，36（1）：13–19.

[36] 杨吟兵，方凯伦.数字化背景下城市公共设施的人性化设计 [J].包装工程，2016，37（10）：90–93.

[37] 顾祥林，余倩倩，姜超，等.城市土木工程基础设施韧性提升理论与方法 [J].工程力学，2023，40（3）：1–13.

[38] 罗紫元，曾坚.韧性城市规划设计的研究演进与展望 [J].现代城市研究，2022（2）：51–59.

[39] 郭文韬，鲁钰雯，翟国方.韧性城市研究的国内外进展及展望 [J].上海城市规划，2022，6（6）：8–15.

[40] 代洪波，季玉国.我国大直径盾构隧道数据统计及综合技术现状与展望 [J].隧道建设（中英文），2022，42（5）：757–783.

[41] 李建斌.我国掘进机研制现状、问题和展望 [J].隧道建设（中英文），2021，41（6）：877–896.

[42] 苗圩巍，颜世铛，李纪强，等.我国全断面隧道掘进机的发展现状及发展趋

势 [J]. 内燃机与配件，2021（2）：203-205.

[43] 周炎生. 建筑机器人发展与关键技术综述 [J]. 机电信息，2020（8）：109，111.

[44] 燕天，曹建福. 铁路建设领域机器人技术现状与展望 [J]. 自动化博览，2021，38（8）：44-49.

[45] 张涛. 建筑机器人在高铁站房建造中的探索与应用 [J]. 智能建筑，2022（3）：18-20.

[46] 方晓霞. "十四五"时期机器人产业高质量发展面临的机遇、挑战与对策 [J]. 发展研究，2021（2）：56-67.

[47] 陈翀，李星，邱志强，等. 建筑施工机器人研究进展 [J]. 建筑科学与工程学报，2022，39（4）：58-70.

[48] 洪帅. ××公司建筑机器人研发项目中技术研发类员工离职倾向的影响因素研究 [D]. 广州：华南理工大学，2021.

[49] 中国信息通信研究院. 中国数字经济发展研究报告（2023年）[EB/OL].[2023-4-27]. www.caict.ac.cn/english/research/whitepapers/202311/P020231101476013122093.pdf.

[50] 黄奇帆. 双循环下建筑产业数字化发展的思考 [J]. 中国勘察设计，2021（12）：43-45.

[51] 陈珂，丁烈云. 我国智能建造关键领域技术发展的战略思考 [J]. 中国工程科学，2021，23（4）：64-70.

[52] 白甲兴. 绿色建筑材料在建筑工程中的应用 [J]. 陶瓷，2023（1）：122-124.

[53] 吴跃. 当混凝土能够"自愈合"，建筑寿命将再被延长 [N]. 中国建材报，2022-10-31（009）.

[54] 刘建丽. 百年来中国共产党领导科技攻关的组织模式演化及其制度逻辑 [J]. 经济与管理研究，2021，42（10）：3-16.

[55] 位佳佳，吴圣，陈学渊，等. 县级科技局"撤并"背景下的基层科技管理创新研究 [J]. 中国科技论坛，2023（1）：31-38.

[56] 杨虹，方小翠，吴潇. 国际大石油公司技术创新组织体系重构趋势分析 [J].

国际石油经济，2022，30（7）：44-52.

[57] 吕建中.油气产业技术创新组织重塑探究 [N].中国石油报，2019-07-16.

[58] 余岭，陈雷，彭正新，等.能源转型背景下国际大石油公司技术支持体系运营管理新趋势 [J].国际石油经济，2021，29（7）：85-91.

[59] 杨虹，刘立群，袁磊.巴西国家石油公司崛起之路 [J].石油科技论坛，2011，30（5）：2-5，66.

[60] 闫娜，王敏生，皮光林.国际石油公司科技风险投资趋势及启示 [J].石油科技论坛，2020，39（1）：59-66.

[61] 赵伯廷，廖丹丹.浅论以完善研发费用税收优惠政策促进建筑企业科技创新升级 [J].中国总会计师，2016（5）：34-37.

[62] 刘国权.高校教师社会资本对课题制科研的作用机理研究 [J].江西师范大学学报（哲学社会科学版），2018，51（6）：103-107.

[63] 李兵，李正风.课题制实施存在的问题与对策 [J].科学学与科学技术管理，2011，32（12）：5-11.

[64] 刘志彪."四链融合"：一个关于现代产业增长方程的系统分析 [J].学术界，2023（3）：64-71.

[65] 延昕珂.我国企业科技创新的问题与对策研究 [D].武汉：武汉理工大学，2011.

[66] 约瑟夫·熊彼特.经济发展理论 [M].何畏，易家详，等，译.北京：商务印书馆，2020.

[67] 王昱麟.科技型企业投资风险分担机制研究 [D].西安：西安理工大学，2021.

[68] 李颖明，李倩，王颖.基于科技创新链视角的科技与金融融合发展研究 [J].中国科学院院刊，2022，37（9）：1189-1196.

[69] 刘志彪."四链融合"：一个关于现代产业增长方程的系统分析 [J].学术界，2023（3）：64-71.

[70] 李巍.技术创新的特点、障碍及应对策略 [J].内蒙古煤炭经济，2005（3）：77-81.

[71] 孙竹，张媛媛，钱颖.风险投资促进大型国企技术创新：原因、作用和路径